情感觉醒：
揭秘亲密关系背后的真相

宏　桑◎著

人民邮电出版社
北京

图书在版编目（CIP）数据

情感觉醒 ： 揭秘亲密关系背后的真相 / 宏桑著.
北京 ： 人民邮电出版社，2024. 9. -- ISBN 978-7-115
-64698-9

Ⅰ. C912.11-49

中国国家版本馆 CIP 数据核字第 2024MY4015 号

内 容 提 要

这是一本用逻辑思维解析亲密关系与家庭关系的书籍，聚焦当下社会年轻人面临的恋爱、婚姻、原生家庭典型困境，并通过犀利的分析解决问题。

本书介绍单身、恋爱、婚姻阶段中人们的主要心理困惑及他们在当下社会中主要的焦虑来源，通过对案例的解析和方法论的阐述，给出"有价值"的参考。

◆ 著　　　　宏　桑
　　责任编辑　李士振
　　责任印制　周昇亮

◆ 人民邮电出版社出版发行　　北京市丰台区成寿寺路 11 号
　邮编 100164　电子邮件 315@ptpress.com.cn
　网址 https://www.ptpress.com.cn
　北京天宇星印刷厂印刷

◆ 开本：880×1230　1/32
　印张：6.5　　　　　　　　2024 年 9 月第 1 版
　字数：158 千字　　　　　　2024 年 9 月北京第 1 次印刷

定价：59.80 元

读者服务热线：**(010) 81055296**　印装质量热线：**(010) 81055316**
反盗版热线：**(010) 81055315**
广告经营许可证：**京东市监广登字 20170147 号**

前言 ｜ 爱是盔甲，也是软肋

亲密关系是人生中最重要的课题之一，可在当下这个时代，我们对爱情的态度却悄然发生了变化，总结为一句话：既期待，也恐惧。

因为爱上一个人，本质上是给予了对方影响自己情绪的能力，是把自己内心的大门打开，让对方闯入。

这些年，我们看到了太多负面的数据和新闻：离婚率的节节攀升、择偶倾向的功利化，这些信息无疑增加了人们的焦虑。

接受一份爱情，越来越需要冒险的勇气。

2015年左右，我开始在一些平台上撰写关于亲密关系的思考，这些文字意外引发了诸多共鸣，于是我笔耕不辍地写了近10年，拥有了几百万的关注，也完成了40 000余次的付费情感咨询。

这个时代的爱情困惑太多了。

有关于婚姻的焦虑，思考自己到底需不需要一段婚姻；

有关于鉴别的焦虑，不知道如何筛选出一个安全的伴侣；

有关于相处的焦虑，不明白明明相爱的两个人，为何总是因为琐事吵得不可开交。

我自认为不是一个擅写锦绣文章的人，作为工科院校的毕业生，我书写时更注重逻辑。因此我会用项目解析的方式，拆解一个个情感困境中的具体矛盾，探寻解决方法。

有太多太多的问题找不到答案。

一方面，成长时期的家庭教育和学校教育不包含情感教育，父母和老师更关注我们能力的提升。对于婚姻的态度，只是一句简单的"找个门当户对的嫁了"，而意识不到当下爱情的复杂性，需要匹配的要素明显增多，导致很多人经营感情的能力是欠缺的。

另一方面，时代发展得太快，我们在短短 30 年中经历了发达国家数百年的巨变，因此父辈们的婚姻经验已经无法为现代年轻人提供有效指引了。

所以，我们需要更多答案、更多角度、更多对于幸福的探寻。

过去的 10 年中，我接过的那些咨询案例，让我看到了那些失败感情中的典型误区，看到了恋爱中的典型困境。

想要进入亲密关系的人，该如何高效推进？

想要经营关系的人，如何避免冲突？

受原生家庭影响的人，如何摆脱困境？

相信这本书，能够实实在在地帮助你。

目录

第一章

爱情篇

爱并不是与生俱来的能力，好的感情需要两人共同维护。

爱情一直是千百年来经久不衰的话题，每个人都有苦苦追寻却又受困其中的经历。

或许因为我们是被抛到这个世界上来的，所以我们永恒孤独，需要找到终生陪伴在身边的那个人；或许是因为我们在现实生活面前太渺小，所以需要在一个人面前获得独一无二的存在感。

但爱情的神秘之处，在于它从来都是不稳定的。它的多变，让人们吃尽苦头。我们试图控制它，却往往适得其反。

关于爱情有太多的描述，有文学的浪漫、哲学的深思。这个章节，我将通过心理学家的实验和调研，以及大量的咨询案例，为大家详解爱情中的种种误区。

在关于爱情的讨论中，两种思潮一直在博弈：爱是一种遇见，还是一种习得？

前者叫作浪漫主义（Romanticism）的爱情思潮，兴起于19世纪中叶。据社会学家的调查，在20世纪初的美国，7成以上的适龄人群信奉浪漫主义的爱情观，观点包括：

● 好的爱情应该是完美无瑕的。

● 每个人有且仅有一个"真爱"。

● "真爱"可以克服一切障碍。

相信浪漫之爱的人往往认为爱是一种遇见，这种观点在心理学上被称为宿命信念（Destiny belief）。这种思潮的弊端在于，让人不愿意承担属于自身的责任。如果爱情不顺，那就证明对方不是"对的人"，换一个就好了。

另外一种则是《爱的艺术》作者所提出的成长的爱情观，他给出的理解则截然不同。弗洛姆认为，感情是可以后天培养的，也称之为成长信念（Growth belief），即只要双方努力，任何一段亲密关系都能成功。

如果不努力发展自己的全部人格，并以此达到一种创造倾向性，那么每种爱的试图都会失败；如果没有爱他人的能力，如果不能真正谦恭、勇敢、真诚和有纪律地爱他人，那么人们在自己的爱情生活中也永远得不到满足。

——《爱的艺术》弗洛姆

我更倾向于把这两种观念结合起来看。我不否认由于成长环境和性格差异，选择一个跟自己更契合的伴侣，会让感情进展更加平稳，但后天的磨合，也是一段感情不可或缺的要素。

　　两人初识的时候，本就是陌生人，怎么可能因为"命中注定"就对彼此倾注无偿的爱呢？所谓命中注定的伴侣，是靠两人的共同努力获取的。

　　因为互联网和一众社交软件的兴起，社会节奏明显加快，恋爱也变得快餐化。所谓"有些情侣谈着谈着感情越来越淡"，其实是由于有些人从恋爱之初，就是抱着索取的动机，而不是给予和经营。

　　我们期望从一段感情中获得激情、获得偏爱、获得存在感，试图从对方的身上获取情绪价值、物质价值，以及安全感，却吝啬自己的付出，不愿为了对方改变自己，不肯接受激情后的平淡，更不会主动去经营关系，被网络上一些片面消极的观点影响，把"如果你爱我，就会……""好的伴侣就应该……"挂在嘴边，认为"爱"是一种有限的资源，"我给了你，我自己的就变少了，因此我要尽可能地从你这里拿走爱"。

　　以索取的动机谈恋爱，一旦最初的激情褪去，便会产生强烈的匮乏感。

　　持久的爱情需要双方都"学会去爱"，而不是抱着"对的人会满足我所有期待"的想法，一味地去无度索取。

　　不要抱着"因为你爱我，就要无条件为我……"这样的预设去进入亲密关系。

恋爱的本质其实是合作，恋爱乃至步入婚姻，通常意味着两人生活中的大部分时间都是在一起的。从动物性的角度来说，人是有领地意识的。当有人进入你的"领地"，你所有的生活习惯、空间、时间规划和财产都需要被分割时，你难免会与对方产生摩擦和分歧。所以两个人在一起的前提，是双方愿意为彼此作出让步，共同改变，慢慢磨合。

很多人婚前对于伴侣十分重视，而在结婚这一结果达成时，便会开始懈怠。这里就需要回答一个问题——真感情是需要去维系的吗？

我的答案是"是"。和伴侣的稳定关系，是需要双方一起为这段关系不断提供土壤和养料的。很多人不仅婚后停止了解对方，也开始不那么重视对方的需求了。因此，在两人相处的过程中，有意识的关系经营是必不可少的。

很多人把结婚当成关系的结果，但其实结婚不仅不是结局，反而是关系的开始。当你们感到彼此的喜欢开始变淡时，真正的爱才开始浮现。当然，如果还没有步入婚姻，你可以在感情变淡时选择放弃，然后去寻找下一段新鲜的"爱"，但代价是，你永远都无法逃过新鲜感褪去后又有强烈分手冲动的死循环。

走向成熟的第一件事，
是接受"有条件的爱"

————

思考一个问题：你能接受亲人和伴侣对你的爱，是有条件的吗？或者我换个说法：你能接受在这个世界上能得到的爱，都是有附带条件的吗？

很多人可能都会认同朋友和其他外人对我们的善意是有条件的，但是当要接受亲人和伴侣对我们的爱也是有条件的时，很多人都会觉得有些不舒服：因为在很多人的观念中，来自父母和伴侣的爱，都应该是无私的。

而一旦自己的想法和现实情况出现了冲突，有些人就会体验到极强的失落感，甚至有一种被背叛的愤怒。

我就接到过两个类似情况的咨询，一位 25 岁的咨询者去年 10 月遭遇了公司裁员，失业后她觉得当时就业市场不稳定，想趁自己年龄还小，追求一份更稳定的工作，于是就回家和父母住在一起，全职备考。

在家的这段时间，她本来是不觉得有什么问题的，早上被父母叫起来一起运动，陪着父母买菜，帮助父母准备一日三餐，整理家里。而父母这段时间，一直也没说什么，也没有为难自己。

但是等到过年的时候，她的小姨来家里拜年。小姨和妈妈在卧室聊天的时候，因为房子隔音不太好，所以她听到了几句关于她的讨论。结果她发现妈妈一直在向小姨诉苦，说她没出息，别人家的孩子过年都带着钱回家，都有自己的工作和对象，不用家里操心，而她现在还需要家里养着，二十多岁的人了，还不能独立生活。言语当中透露出满满的失望。

而另一个咨询者的情况也类似，他本身是做生意的，前几年条件好的时候年收入动辄过百万，那个时候不管是家里人还是自己的老婆，永远对自己都是一副笑脸。但是这两年大环境不好，他也受到了影响，从原来的水平下降到了年收入一二十万，偶尔还会亏本一两个月。

他就发现，家里人和老婆对他的态度，都没以往那么尊重了。自己一直以来也没什么不良嗜好，就喜欢打打网游、钓钓鱼。以前自己赚钱快的时候家里人对此毫无意见，可是现在不管是家里人还是老婆，都会在他玩游戏时说他不务正业、不成熟。家里的矛盾，自从他收入下滑后，开始变得与日俱增。

这两位咨询者在和我聊天时，都有一样的愤怒和委屈：作为家人或伴侣，难道不应该是无条件地爱我、包容我吗？而且我并没有做什么伤天害理的事情，我也在好好生活，为什么他们会对我那么不满？

其实作为咨询师，我想说一个很扎心的事实：从理性和现实的角度来看，从来就没有长时间、真正、无条件的爱。

有的人可能不接受这一点，会反驳说他体验过，但实际上能体验到这种所谓"无条件的爱"的情况，无非也就是三种：

第一种是，对方对你的期望足够低，甚至没有任何期望：就好像婴儿刚出生的时候，什么也指望不了他，父母对他的爱，自然也不会有什么条件可言。

第二种是，对方的感性远远大过理性：比如一对恋人刚确定关系，对方对你的爱就大概率是无条件的，因为这个时候他的感性占据了压倒性的优势，无论你价值高低、做或不做什么行为，对方都能接受。

第三种是，其实你已经在享受有条件的爱了，只不过你还没有失去那个所谓的"条件"：就好像当时还有工作，每个月还能往家里寄钱的第一位咨询者，和当时年入百万，能保障家里人优渥生活条件的第二位咨询者。

但是，一旦环境发生变化，作为当事人的我们失去了那个所谓的"条件"，我们很快就会意识到：无论是父母，还是伴侣，他们都有自己的利益诉求，而他们对我们的爱，自然也是带有条件的。

其实老话已经说得很明显了：久病床前无孝子。

父母对子女的爱，伴侣对另一半的爱，是人性；但是，趋利避害，本身也是人性。

这听起来好像很负能量，让人很消极，但是我想和各位说的是：往往我们在感情世界里走向成熟的第一件事，就是接受"爱是有条件的"这一事实。

当一个人开始步入社会尝试建立关系的时候，最大的感触往往是：这个世界是讲究等价交换的，人与人之间的关系，是需要利益来绑定的。

我们的父母和伴侣，本质上也是个普通人，只不过父母的关系没得选，伴侣的关系相比普通朋友更深几个层次而已，但只要是普通人，就一定离不开价值交换这个最基础的关系经营准则。

理解这件事并不一定会让人变得消极，像我的一位朋友说过：他从小就意识到了，当自己成绩好的时候，父母会更爱自己一点。但是这种认识并没有让他消极，反而让他更清醒地知道——就连父母都尚且如此，其他人更不会无缘无故地对自己好。这种对真实的接纳不仅不会让人消极，反而能给人以力量感。

他以这种清醒的认识为指导，一直都督促自己努力工作、好好锻炼、待人和气。既然别人对自己的好感和善意都是有条件的，那就得让自己有能力有条件满足别人的期待。他现在生活得很开心：父母慈爱、妻子温柔、朋友众多，从通常角度上来看，也是个妥妥的人生赢家了。

我的一位朋友，她今年已经37岁了，始终未婚、未育，工作是自由职业。在别人为房贷、车贷、孩子教育发愁时，她把工作赚来的钱全用在了自己的爱好和保险上，所以她的状态轻松自由，让人羡慕。

当然，我不是鼓励你模仿她过这种特立独行的人生，而是期望你能学习她对自己的宽容和"溺爱"。

过分地给予自己无条件的爱，容易偏离社会主流而有社会压力和未知风险；过分地迎合他人期待追寻有条件的爱，则容易迷失自我，陷入抑郁。

　　无论是向外扮演好自己的角色，还是向内活出真实自我，这两种方式都能让我们感受到爱。

　　所以，意识到我们接受的他人之爱都是有条件的，未必是一件消极的事情，反而可能是我们认清世界、活出自我、改善亲密关系的开始。

爱是意愿，
还是能力

———

感情不顺的人，对爱的理解往往都停留在弗洛姆所指的"不成熟的爱"的水平。

成熟的爱是母爱式的奉献，在奉献中满足对方，同时丰富自我。而不成熟的爱，是一种婴儿式的索取。

不成熟的爱往往体现为以下四种思维：

1. 如果你爱我，就应该……

"如果你爱我，就应该每天主动给我发晚安""如果你爱我，就应该猜得到我想要什么礼物""如果你爱我，便会在我不开心的时候安慰我"等等。

这相当于给对方制定了一套规则：只要你和我在一起，就必须源源不断地为我带来我想要的好处。

是不是很像一个蛮不讲理的任性小孩呢？

2. 如果没有你，我就……

这种思维是一种操纵伴侣、从双方关系中捞取好处的利器。"如果没有你，我就照顾不好自己了／我将会寸步难行／我永远都不会开心起来。"

越是有同理心的伴侣，就越容易被这招控制，在不知不觉中包办和承接了对方的所有需求。这样的捆绑感无疑会消耗伴侣所有的爱与耐心，并让他最终说出那句："就到此为止，我们分手吧！"

3. 他对我……所以我不高兴

你是不是经常由于伴侣不经意间的一句话而郁闷很久，是否总对他某次没有达到预期的表现而耿耿于怀？

因期待落空而感到难过，是一件很正常的事情。但不合理的是，难过后我们明明可以通过自我调整而重新开心起来，但有的人有了伴侣后就拒绝对自己的情绪负责了，彻底将自己情绪结果的缘由转接给伴侣，一定要得到伴侣的道歉和弥补心情才能好转。

在这类人心中，"他对我做了不好的事情，这让我不开心了，对我造成了伤害"是一个客观的道理，但事实上，这是一个隐晦的索取模式。它暗含的逻辑是这样的：你有义务为我的情绪负责，关心我、安慰我、照顾我的感受，如果你无法达到我的预期，我就一直沉浸在负面情绪里。

醒醒吧，没人能让一个不愿开心的人开心起来。

4. 好的伴侣应当……

如果你用这个口诀来约束自己，相信你一定能成为一个"模范男友"或者"别人家的媳妇"，但不妙的是，很多人的好伴侣标准，是用来约束对方的。

譬如在择偶的时候，许多女生会说自己想找一个"170cm以上""长相俊秀""懂女孩子心思"的男生，却很少有人会想到自己是怎样的条件，配得上怎样的男生。反之亦然，男生对女生也有很多期待。过多的期待，是脱单路上最大的阻碍，也是关系维护时最常见的不满情绪来源。期待过多，结果就是注意力都放在了对方做得不到位的地方，既让自己对感情不满意，又让伴侣感觉到不被爱不被接纳。

以上的思维，都是索取式思维，认为"爱"是一种有限的资源，"我给了你，我自己的就变少了，所以我要尽可能地从你那里拿走爱"。

"我把时间用来陪他了，我的个人时间就变少了""我花钱给他买礼物，我的存款就变少了""我听他唠叨了老半天，我的精力就变少了"。

而弗洛姆认为，爱是一个创造的过程，奉献不会让你变得贫瘠，反而会让你的内在更加丰盈。

如何理解这句话呢？

"我带他去最喜欢的地方，我们增加了一个对双方都有纪念意义的地点""我花心思准备了一桌盛宴，不仅快乐满满，还提升了厨艺""我用我的幽默把他逗笑，这比一个人打游戏有趣多了"。

这是创造式思维，你的金钱和时间或许会越用越少，但你的技艺得到了提升，两人也因彼此而有了新的人生体验。

爱并不是消耗品，而是一项可以通过锻炼而增强的技艺。

所以成熟的爱，和任何一项技艺一样，是一种可以通过不断使用和调整，而不断提升的能力。

就好像唱歌——唱得越多，越能唱出动人的声音。

就好像绘画——画得越多，越能画出意境饱满的佳作。

践行爱，需要从生活的方方面面做起，比如耐心地倾听他人讲话、体会身边人的感受、友善地与他人合作等。

弗洛姆曾说，"爱情不是一种与人的成熟程度无关，只需要投入身心的感情……如果没有爱他人的能力，如果不能真正谦恭、勇敢、真诚和有纪律地爱他人，那么人们在自己的爱情生活中永远也得不到满足。"

要想拥有爱一个人的能力，就得对抗自己在感情中进行索取的欲望。通过付出去产生爱，而不是通过索取去消耗爱。

我们进入一段关系的潜意识动机都是利己的，都是为了得到些什么，而不是纯粹地想去爱对方。毕竟我们都只是凡人，期望伴侣对自己好、期望伴侣忠诚于自己、期望旁人羡慕自己的感情，这些需求确实是存在的。

正常索取需求满足没问题，毕竟关系的本质是价值交换，互相索取、互相付出是恋爱常态。可过度索取，则往往会导致分手。

想要正确地爱一个人，就要把"索取"和"爱"做一个区分。如果不懂得如何爱对方，在感情里就容易由于不自知地过度索取而总是被分手。这类因索取而分手的情况，一般是以四种人格特质的形式表现出来：缺乏安全感、以自我为中心、自卑、控制欲强。

1. 缺乏安全感

缺乏安全感的人，大部分都是挺"拧巴"的人。单身的时候，喜欢一个人却不敢表达出来，怕被嘲笑、怕被拒绝；讨厌一个人也不敢表达出来，怕被报复。确立了恋爱关系还是"拧巴"，恋爱感觉有些不舒服：提出来担心对方生气；不提出来自己憋着难受；想分手，又担心后面找不到更好的对象。

总之，缺乏安全感的人做什么都纠结，前进一步能后退两步，恨不得先把人生剧本看一遍，再进入眼前的生活。

这类人进入一段感情，往往不是因为爱一个人，而是因为对方能在物质和心理两个层面上给其带来稳定的感觉。上一辈很多人都会把女孩子嫁人说成"找个归宿"，对于缺乏安全感的人来说，对象就是归宿，就是一个稳定的可以任由自己依赖和折腾的强大客体。

因此，跟缺乏安全感的人谈恋爱，最大的感受就是累。

比起通过表达不满或喜爱来教别人怎么正确对他好，缺乏安全感的人会更倾向于通过给别人贴标签和要承诺来维护感情。比如伴侣跟刚认识的异性多说了两句话，缺乏安全感的人不开心了，他不会表达出对此的不满，却会在心里默默给伴侣贴个标签：社交界限模糊、可能抵御不了诱惑。同个标签被触发的次数一旦过多，他们便会因此考虑分手。要挽回他，伴侣就得针对每一件事去做详尽的解释、道歉，并给出承诺。而且因为他们实在是太擅长感到不安了，所以伴侣作出的承诺要求会越来越高，一开始可能是承诺下班后不跟异性来往，接着承诺不跟异性有工作外的互动，再接着承诺不主动给任何异性发信息，等等。

跟缺乏安全感的人保持长期关系，会有一种逐渐窒息的感觉。为了缓和缺乏安全感的人的不安，伴侣甚至需要牺牲自己的友情、事业、亲情。

2. 以自我为中心

以自我为中心的人，大部分都会给人一种很有背景、很有权势的感觉，因为在他们看来，自己就是世界的中心，其他的人和物，本来就是为了满足其需求而存在的，自然说话、做事都会透露出一股"爹味"。他们会理所当然地要求伴侣无条件且精准地对自己好，"不对我好、不知道怎么对我好的话，我凭什么要跟你在一起呢？"是他们会经常跟伴侣说的话。

所以跟以自我为中心的人谈恋爱，就像是在做一份没有工资且动辄得咎的工作。确定关系前，会有"海选"、"一面"、"二面"，你需要通过层层"考验"，跟无数人"竞争上岗"成功，才能获得跟他们恋爱的资格。而就算确立了恋爱关系，也会有"末位淘汰制"这种大棒撵着你加倍付出，你必须比他的前任们都更优秀，且对他更好，才可能持续获得他的认可，否则他的注意力就会一直游移于你和诸多前任之间，持续给你"绿帽警告"。

跟以自我为中心的人保持长期关系，伴侣会经常处于一种即将被抛弃的危机感中，注意力会被迫全部放在他的身上，跟臣子面对皇帝一样，需要一直揣测他的感受和需求。除了累之外，还会时常有被分手的焦虑。

3. 自卑

自卑的人，是习惯自我攻击的人，跟以自我为中心的人正好相反，他们认为自己配不上任何人，也配不上拥有任何东西，会给人一种很卑微、很可怜的感觉。

有喜欢的人，他们不仅不会去争取，反而会疏远，因为他们需要通过对方的主动追求，来确定对方确实对自己有好感；恋爱了，他们内心会一直有很多自我否定的声音，所以他们会习惯过度付出，生怕自己哪一点做得不好就被抛弃了；恋爱吵架了，他们会反复自责自己脾气大、要求高、不会沟通，而不会去责怪对方，也不会意识到在感情里吵架只是很正常的一件事。

所以跟自卑的人谈恋爱，会体验到很强的道德压迫感。他们这种掏心窝子的恋爱方式会触发你的互惠本能，让你被迫也过度付出以维持清白感，于是你会经常感受到一种被控制的愤怒，但又没有合理的理由发泄出去。

4. 控制欲强

控制欲强的人，是边界感缺失的人。他们想象中的理想感情，就像母亲和胎儿的关系一样，双方几乎是没有边界、互相融合的。于是他们会认为"我的想法"和"你的想法"必须统一，"我的感受"和"你的感受"也应该达成一致，否则就说明我们的关系不够亲密，不够好。

恋爱中，控制欲强的人会拿对自己的要求去要求伴侣，觉得"我能够办到的事情，你为什么不能办到？"而不会意识到人和人之间有差异是很正常的一件事；他们会期望伴侣无条件地理解他们的感受，可当伴侣面对同件事情的感受跟他们不一致时，他们又会无法理解，甚至会否定伴侣的感受。"你不应该这么想"，是他们经常会对伴侣说的话。

跟控制欲强的人谈恋爱，他们没有耐心倾听你的想法和感受，却会固执地变着法儿地重复表达自己的感受和想法，直到伴侣被他们"洗脑"成功，所以这类人的伴侣会一直有种不被尊重的愤怒和不被理解的孤独感。

缺乏安全感的人、以自我为中心的人、自卑的人和控制欲强的人，都是极易把索取误当成爱的人。

缺乏安全感的人想通过感情索取来获得人生的稳定性。

以自我为中心的人想通过感情索取一种肆意妄为也不会被惩罚和抛弃，反而会被爱的权力感。

自卑的人想通过感情索取源源不断的认可，从而缓解内在的自我否定。

控制欲强的人想通过感情索取控制感，缓解生活失控带来的焦虑。

这些基于自身匮乏感的索取行为，都是一种"乞讨"，而不是爱。以索取作为爱一个人的方式，都爱不长久。把解决自身问题的责任放到对方身上，问题暂时会被掩盖，却不会被解决，感情则会成为自身问题的牺牲品。

缺乏安全感的人要学会表达爱与恨，教对方正确对待自己；以自我为中心的人要学会换位思考，体验他人的感受；自卑的人要学会觉察并反驳自己的自我否定思维；控制欲强的人要学会尊重他人跟自己之间的差异。自身问题解决了，你只需要对伴侣说一句话，即可拥有爱伴侣的能力：

"我做点什么会让你觉得更幸福呢？"

"情绪价值"
究竟是什么

————

小夏是我身边情路最坎坷的朋友，基本上每隔一段时间，她就会带着一身的疲惫和不甘来向我倾诉"为什么现在谈个恋爱就这么难，再说我条件也不差，宏桑你说是不是现在的男人都嫌恋爱麻烦"。由于是朋友，不是咨询者，我也不好直接板着脸分析利弊，但看了诸多她跟前任的聊天记录后，我终于也忍不住吐槽："是，你条件绝对不差，但是大家谈恋爱都是为了愉快，你时不时就批评对方，这怎么谈得长久？"

"我说他，还不是为他好，谈恋爱不就应该做真实的自己吗？"

"是，但你这情绪价值也太低了，短板太短，就很麻烦。"

"情绪价值……是啥？"

在我做情感咨询的经历中，让我最有醍醐灌顶之感的，就是领悟到了情绪价值的重大作用。

什么是情绪价值呢？情绪价值是一个人对他人情绪的影响能力。

比如你工作受委屈了，找个人倾诉，他说"你老板真不是人！给这么点儿钱让你干那么多活"，你说"可不是嘛，太气人了"，然后心里感觉舒服多了。这就说明在这个互动的过程中，你从他那里成功索取了情绪价值。

而如果你找他倾诉，他说"你说这些没用，你为什么不把工作做好，让你的老板无话可说呢"，你会说"好吧，是这样"，然后感觉更难受了。这就说明你想从他那里索取情绪价值，但失败了。

从上例可以明显体会到，能提供情绪价值的人，更能够让别人产生情绪上的依赖和信任，因为这类人能够让别人觉得舒服。一段感情中，颜值、身材、学历、谈吐、收入、资产、背景这些都很重要，但往往击败一段感情的真正原因只是因为不舒服——你让我不舒服了，又没有额外的原因可以让我留下来，因此我们分手。所以在长期关系里，情绪价值是很重要的一种价值，或者说是能力。

下面，我就由浅及深、一层一层说清楚如何提高自己给予情绪价值的能力。

1. 减少负面反馈

有很多人拥有一句话就让别人生气的神奇的"添堵"能力。我们得先把这些错误的表达习惯抑制住，别做负面情绪的制造者，再考虑怎么提供情绪价值。

- 指责：要不是因为你，事情也不会这样。
- 打压：你不行，你看看你的 ××、××、×× 都不行。
- 负面预判：按我对你的了解，这事你去做，一定没有好结果。
- 恶意揣测：你是不是故意气我的？你是不是故意这样做的？
- 阴阳怪气：不会吧，不会真的有人这都能做错吧？

如果你的表达习惯里有上述这几项，希望你能够改变表达的方式，别让这些习惯影响你和重要的人的感情。

2. 增加积极反馈

怎么反馈才能给对方提供情绪价值呢？

- 积极关注细节与变化，事事有回应：前阵子你提到的那家想去的火锅店，今天我们正好都有时间，要不要一起去探店？昨天提到的麻烦事，今天解决了吗？有没有影响今天的心情？有什么我可以帮上忙的吗？

● 赞美细节：我很喜欢你昨天对文选段落做的注脚。蒸蛋
是怎么让表面这么光滑好看的？你愿意把独门秘诀传授
给我吗？

● 正面词汇表达："我喜欢×××。如果能够这样调整的
话我会更开心。""也不知道怎么回事，看到你时心情
就会变好，或许你就是美好本身吧。"

● 提供建设性意见而非消极态度：增加这一条会让文章更
通顺。这个方案的不足是××，需要调整××才能规
避这个风险。第一次做就能做得这么细致，真的很棒，
下次这个细节再多留意一下，就更完美啦！

积极正面的反馈方式，能够引导人把注意力转移到事物
上，而不会上升到个人评价的层面。这也是存在原生家庭关系
困扰的人需要注意的地方。父母过去不正确的批评方式，很容
易让人陷入自卑和自我怀疑中，比如"你太笨了，这么小的事
都做不好？"、"是个人都不会犯这么低级的错误！"等。这
样的措辞，潜台词是在说事情做不好，是因为你是废物，是你
这个人不行，从而使你掉入自责和自我批判的深渊中。习惯了
自我批判，就会习惯用批判的眼光看待世界和他人，结果就是

只能看到问题，看不见美好和幸福。我们的认知是能够直接影响情绪的，而积极反馈本身也是一种疗愈和引导，越关注积极的人事物，你的状态就会越积极，待人接物也会更乐观。

3. 发掘伴侣的优点，给予认同感，包容伴侣的小缺点

暧昧期的我们很容易受到光环效应的影响，而把对方想象得过于完美。一旦恋爱把两个人的距离越拉越近，光环就会逐渐消失，我们或多或少地都会发现对方"不那么美好的地方"。能接纳这些小缺点，才是真正地爱对方。"她偶尔约会会迟到，那我可以理解为她是为了见我而精心打扮所以来迟。和我在一起，她可以迟到，只要她有其他重要事情时，我记得提前提醒她就好"。"他经常会自卑，不时地否定自己的决策和观点。不过没关系，我会在他自卑的时候给予鼓励与支持，我会慢慢陪着他走出自我否定的旋涡。""他的个性含蓄，可是我依然懂他的可爱。对我来说，缺少文采的直抒胸臆是爱；磕磕绊绊的词不达意也是爱。"这些，是感情长久幸福的人看待伴侣缺点的方式。我们几乎不可能遇见那个方方面面都满足自己期待的伴侣，我们既要允许自己无法完全满足伴侣的期待，也要允许伴侣如他所是。

大部分人都是缺乏存在感、认同感的，同时也缺乏展示自

己人生高光时刻的舞台。

可能你完成了一项特别复杂的任务，很开心地去跟老板报告，但老板只关心其余的项目进度；跟同事说，同事敷衍地夸两句后就关心你有没有精力帮他的忙；回家跟对象说，对象只顾着关心项目奖金有多少以及晚上吃什么；打电话跟父母说，父母听不懂，只关心你什么时候有空回趟家。于是你会感受到满满的挫败感和虚无感，尽管你明明工作上小有成就。

那么这些人要怎么做才能让你体验到被认同呢？

如果老板了解了更多项目细节和你在关键节点的思考，再诚恳地说一句"确实这个项目干得漂亮，辛苦你了"，你就会心满意足了。

同事问更多细节后，表达了对你的羡慕和崇拜，表示有机会想请你吃饭，想请教你一些问题，那你也会心满意足。

伴侣听到你的喜讯后，放下手头的事情，感兴趣地问更多细节，理解你的项目有多难，以及你做得有多好，最后说"虽然不太了解具体有多难，但大致能明白，果然你是最棒的"，你也会心满意足。

父母或许并不能完全理解你的工作内容和难度，却自豪地摆摆手说："这些我听不懂，不过我的孩子是不可能差的"，你也会心满意足。

从上面这些例子中，我们大概就能直观地看出要如何提高认同感了：

- 询问更多细节：这个是什么意思？怎么能够办到的？你为什么要这样做？

- 根据自己对内容的理解程度和双方关系的远、近、亲、疏，给予正面反馈。

认同感是一种稀缺资源，如果你有制造舞台的能力，那很多人都会为了"登台表演"，而跟你进行价值交换。

4. "允许"心态。

上面的方法，都是术，是方法。而道的层面，最需要具备的能力，其实是"允许"的能力。

允许什么呢？允许外界的情况没有按照你的预期发展。比如允许男朋友约会迟到半小时、允许父母想干涉你们的感情、允许公司克扣自己的工资等。

你可能会觉得，这不就是任人欺负吗？

不是的。

之所以要允许上面的这些事情，是因为无论你允许还是不允许，它们都已经发生了。对于已经发生的事情，负面情绪没有办法帮我们改变结果，只会带来更多问题。比起情绪宣泄，允许事情发生，然后避免再犯，才是合理选择。你可以跟男朋友讨论下次如何避免迟到；你可以跟父母讨论你对感情的看法；你可以跟公司商议工资的结算方法。事情已经发生了，那总结教训和经验才有价值。不断地宣泄情绪，只能得到情绪上的缓解，却很难避免同样的事情再次发生。

人生不如意十之八九，总有些事情是不如意却又无法改变的。应该从问题和磨难中获得经验，从苦难中提炼出对自己人生有帮助的价值。

"允许"的能力越弱，你内在的世界就会越小：别人随便一个举动就能在你的小世界里掀起轩然大波。结果就是你只能一直疲于向外界索取情绪价值，无法反馈情绪价值给别人。而"允许"的能力越强，你内在的世界就越大，他人的风暴于你而言，只是浩瀚宇宙中的一粒尘埃，那你自然就能够容纳一切，也就拥有了近乎无穷的情绪价值。

总之，有关情绪价值的大部分能力，都属于后天习得和练就的。天生就具有高情绪价值的人，是极少的一部分。只要能够有意识地为自己"补课"，就能在给伴侣带来更多正向体验的同时，更清楚自己的情绪起因，并找到调整自身状态的方法。

不吸引异性的本质，
是因为你时刻处在一种焦虑中

————

做了那么多脱单咨询后，我发现很多排斥恋爱的人，都存在一个共性的问题：

与其说他们排斥恋爱、排斥和异性交往，不如说他们在排斥这种行为可能会给自己带来的焦虑情绪。很多人不是不想谈恋爱，而是一想到两个人从认识到暧昧，再到确定关系的这个过程，就会感觉到一股焦虑：担心自己和对方互动的时候表现失误、担心自己遭到拒绝、担心对方身边有更吸引他的人。

这些人不能吸引异性，或者不敢吸引异性的本质，就是因为他们时刻都处在这种强烈的"焦虑"当中。也正是因为这种"焦虑"，导致他们患得患失，动作变形。

首先干扰很多人的，也是最常见的心态，是"结果焦虑"。

有一句话流传很广，"无事献殷勤，非奸即盗"。正是因为这句话太过深入人心，所以接触异性的时候，很多人就会立马陷入焦虑。他们会觉得，我既然接近了他，就要努力让我们两个人在一起，否则就会让其他人认为我别有用心。

一旦这种想法出现，很多人就会处于很强的焦虑感当中。就算两个人刚认识，他们也会时时刻刻用最终结果的状态来评价关系当下的进度，进而觉得进展太慢，或觉得没有希望。

不是说感情不应该看结果，而是没必要从一开始就有这种"结果焦虑"。当你接触的人足够多的时候，你就会意识到：那些吸引你的人，不一定都适合你。

可能你觉得对方颜值很高，条件也很好，确实很有吸引力。但是对方可能脾气不好，做事情绪化，未必适合和你在一起。因此，认识之初，你不需要也不应该抱着确定恋爱关系的想法来相处，你应该带着相处和筛选的态度去和对方互动。

不要在一开始就觉得"我一定要追到他"，这只会让你焦虑。你要做的，是告诉自己"我们先相处着看看，先试试能不能做朋友"。这两种想法对你心态的影响是截然不同的，采用后者，你的状态会更加轻松自然。

还有一种焦虑也十分常见，就是"反馈焦虑"。

一般情况下，你和一个朋友聊天，对方要是对你的话题不感兴趣，或者聊着聊着去做别的事情了，你并不会把对方的这些行为放在心上。

但是如果这个对象换成了你正在追求的异性，那很多人一下子就会患得患失：是不是自己说错话了、是不是自己话题找得很无聊等等。你会不由自主地焦虑，甚至在之后的交往互动中，都不敢展示自己的真实想法。

很多人在和异性聊天的时候，会习惯性地顺着对方的话说，哪怕自己有些想法和对方有差异也不反驳，认为只要一直认同对方，对方就会觉得两人观念一致，是一个加分项。

这么想其实是错的：如果你们双方观念不一致，就算之后在一起了，也会由于观念不一致，而让双方都感到疲惫。

而且更重要的是，你一直迎合对方，对方的情绪在你这里是没有什么波动的。情绪的起伏，是建立恋爱关系的必备要素。而我们在和人聊天时，情绪波动最强烈的瞬间，往往是我们和对方进行探讨，各抒己见，并且都获得新的理解视角的时候。

所以，不要在反馈上有太大的焦虑。实际上，你越是在互动的时候自然、放松，越能吸引对方。

第三种焦虑就是"价值焦虑"。

很多人在和异性交往时，会处于一种"价值焦虑"当中。

他们担心被否定，担心自己不被异性接受，所以经常会患得患失。

事实上，价值焦虑是最没有必要的一种焦虑：一个异性对你的态度如何，和你自身的价值如何，没有必然的联系。就算你是个客观上价值不高的人，基于最原始的异性相吸的本能，也会有异性会对你心动。认为所有人都喜欢自己，和认为所有人都不会喜欢自己，都是夸大了自己对别人影响力的一种自恋思维。

我们一直都在说，不要过分在意他人的评价，就算对方再吸引你，他本质上也只是一个普通人。你之所以担心他的否定和冷落，无非是因为你的情绪和诉求，使你对对方的判断过于重视。

在咨询的时候，我经常听到咨询者向我抱怨，说自己条件也不差，也为对方做了很多事情，可对方就是不接受自己。

我觉得这真的不能算是一件坏事：

相比这种直接的拒绝，我更担心对方明明感觉你们不合适，却由于你为他付出很多、因为感动而和你在一起。

拒绝升级关系，不是否定你的价值，而是对方基于两人间的互动判定双方不合适。这种不合适就直接说清楚，不进一步发展的行为，其实是在帮你节省时间与精力。不要试图向对方证明自己的价值，对方对你无感说明不了你没有价值，而是你的价值对方不需要，你得转移注意力到需要你价值的人身上。

就好像奢侈品包包，有的人觉得这是在"割韭菜"，你和这类人再怎么营销，对方也不会购买。但是，就算再多人对奢侈品包包不感兴趣，也依旧会有相当多的人购买。

你要做的，不是向那些对你不感兴趣的人证明你的价值，你要做的是，快速筛选掉那些根本不可能"购买你"的对象。

很多人不想恋爱，或者在和异性相处时畏首畏尾，本质上就是因为这三种焦虑。从他们刚对异性感兴趣的时候，焦虑就已经开始伴随他们，并削弱他们的吸引力了。

而只要你调整好心态，意识到你的焦虑是没必要的，你就能以更好的放松状态去和异性相处。你反而会因为自然、自信的状态、给对方带来的轻松体验而吸引更多的人。

恋爱脑
是怎么形成的

————

作为一个心理咨询师，我在处理情感咨询时要面对很多"恋爱脑"的人。这些人能意识到当下这段关系有问题，知道伴侣的不良行为对自己来说是种伤害甚至是背叛，也知道自己需要帮助，但他们却依然无法放弃这段有毒的关系。

为什么一个人会从十分理性的状态，转变到"恋爱脑"的状态？这到底发生了什么？

首先，恋爱脑并不是一种人格类型，而是一种针对特定人群的反应方式。这样表述听起来可能会有些拗口，我举个我身边人的例子：

我上大学时有个朋友，在大学里谈过三场恋爱。前两次恋爱他并不太在乎另一半的感受，做什么都是我行我素，隔三差五还和对方冷战。最后也是他觉得无趣，关系变得冷淡后就提了分手。

按理来说，这种人和"恋爱脑"是毫不相干的。但是，他谈第三段恋爱的时候，整个人的表现就完全不一样了。他完全成了那个女生的小跟班，省吃俭用、打工给女生花钱，甚至仅仅因为女生的实习单位离他准备实习的单位太远，会导致他们没法天天见面，结果他就拒绝了当时大公司给他的实习岗位，找了家附近的不知名小公司打零工。

而且他第三段恋爱的那个女朋友，各方面条件其实都比较一般，和前两任相比并没有突出优势。

可见，在一段关系当中是否表现为恋爱脑，是因人而异的。刚好这个人满足了他某一种心理需求，他就立马从一个原来很理性甚至都有些冷漠的人，变成了"恋爱脑"。

那么，到底是什么机制，让人变成恋爱脑了呢？经过长期的观察，我发现恋爱脑的形成离不开这三个要素：

1. 追求个人体验的恋爱模式。

2. 单一的价值绑定。

3. 对于对方幻象的过分执着。

第一个要素，追求个人体验的恋爱模式。有句话是这样说的：我现在不怕女生图钱、不怕女生图房子、车子、户口，我最怕的是那些什么都不图的女生，她们想要的东西反而是最

"贵"的。

随着咨询量的增加，我越发对这句话感到认同：往往那些对感情有明确诉求的人，基本不会"恋爱脑"。比如两个人在一起，你就是想留在大城市，但是对方就是想回老家，那你可能有不舍、有纠结，但是你并不会一时冲动，为了感情舍弃掉自己的工作和梦想，和对方走——因为你从一开始就明确地知道，留在大城市是你最基本的诉求，你不会为了某段关系或某个人改变这个诉求。

同理，如果一个女生很直白地要求男生经济条件好、有车、有房，那么她也不太可能"恋爱脑"：因为男生要是没这些，她压根都不会和男生确定关系。

反之，什么都不图的人，往往特别容易恋爱脑。他们在开始一段恋爱时，并不清楚自己想在这段关系中获得什么，可能只是单纯地觉得有对方的陪伴，对方对自己好，这种体验很好，因此他们愿意确定关系。

这些在感情当中"无所求"的人，由于没有明确的诉求作为衡量伴侣合格与否的标准，因而当对方已经犯下原则性的错误时，他们依然会由于这段感情当下或曾经有美好体验而无法放弃。

"恋爱脑"的人都很容易犯一个错误：把感情当中对方的反馈看得特别重要，甚至看作自己价值的唯一来源，这就是第二个"恋爱脑"要素，单一的价值绑定。

可能你本身条件不错，但是你谈了恋爱后，就把对方的反馈当作自己价值的唯一来源了。一旦对方对你作出了否定评价，你就会特别沮丧。

出现这种情况的原因，和双方的相处模式有关：有的人在和你相处时，会在乎你的感受、考虑你的想法、对你表示鼓励和认可。但是有的人和你在一起后，会习惯性地打压和贬低你的价值，或者经常"扫兴"。

这种潜移默化的影响，是很可怕的。刚开始你会不适应，而且会生气，但是恋爱初期你不会把这种事情太当回事，只会以为是两人还需要磨合一段时间。但是时间长了，对方这些否定越来越多，你就会渐渐觉得对方说的是真的，并开始怀疑自己。

时间一长，你就会把对方当作你价值的唯一来源，觉得自己要时时刻刻看对方的脸色。

"恋爱脑"的第三个要素：他们特别容易执着于对方的幻象，不愿意认清现实。

在认识的初期，有的人能给你留下很好的印象，会给你提供很多情绪价值，把你哄得十分开心。但实际上，这种在感情前期超额付出、表现得和其他人都不一样的人，其热情和表现往往是难以维持的。

而人都是有思维惯性的，一旦一开始这个人对你的好给你留下了深刻的印象，你就会不由自主地觉得：这个人就是很好，对我也很好。

要是对方后续做了出格的行为，很多人的第一反应不是觉得这个人不值得自己付出了，而是觉得一定是哪里出了问题，想要做点什么让关系回到最初的状态。

这种状态，再叠加上前两种情况，是很可怕的：

在你心中，对方一直都很好，而且只有对方对你好、和你好好相处，你才会快乐，才会觉得自己有价值。

但是对方现在变了，因此你愿意通过牺牲和付出，求对方和你重归于好、恢复最初的甜蜜恋爱状态。

可你付出后，对方依然没有改变，因此你加大了付出的力度。就这样不断循环，一个"恋爱脑"就这么出现了。

总结一下，"恋爱脑"的形成，不是单一的原因造成的，而是多种因素叠加作用的结果。

正是因为多种因素叠加，所以很多人一旦"恋爱脑"发作，就很难用理智控制自己。

把恋爱脑的形成要素列举出来，尽管无法立竿见影地帮你摆脱糟糕的恋爱关系，但却可以为你指明正确方向：

你不能在一段感情中什么都不求；

你的价值，并不是这段关系给你定义的；

以及最重要的一点——你爱的根本不是那个人，而是那个人在关系伊始给你呈现出来的一种幻象。

如何在亲密关系中
掌握"主动权"

———

咨询的过程中，我经常会听到关于"主导权"的困惑：

为什么同样是谈恋爱，有的人就能掌握感情中的主动权，但有的人不管和谁谈恋爱，都不被珍惜？到底怎么样，才能成为两性关系中占据主导权的一方？

其实在关系中掌握主导权的方法很简单：做一个"见过世面"的人。

"见过世面"意味着什么呢？

最通俗的理解就是：你没见过的，他见过；你没经历过的，他经历过；你没享受过的，他享受过。

你可能会认为，你在感情方面确实没见过、没经历过，也没享受过，因此你只能做个没见识的无法掌握关系主动权的人。确实，客观经历的匮乏会限制你的视野，但你依然可以通过刻意训练，逐渐培养出"见过世面"的气质，从而掌握主动权。

那么如何刻意训练呢？

首先，最重要的一点是，学会接受别人对你的好。

在我展开论述前，先思考一个问题：别人为什么对你好？

答案当然是功利的，觉得你有用，或者将来有用。

对方的好意对你来说也许很重，但是没必要为对方操心。他敢给，就说明他承担得起；愿意给，就说明在他心中你值这个价。别人都没低估你，你又何苦自我贬低呢？

这一点我希望女生们都能意识到，因为很多女生从小家教良好，但是良好得过了头，男生对自己示好，就容易紧张得手足无措，慌乱之中本能地拒绝了对方的付出。你以为这是礼貌，实际上这种拒绝释放了一个信号：你这段关系，我不想建立。

因此，如果你觉得对方还算顺眼，那别人对你的好，无论是赞扬、礼物、机会、还是示好，大胆地接受即可。纵使你不喜欢欠人情，也先收下，择日转送一个价值对等的礼物即可。

第二点，正向反馈。见过世面的人，和大部分常人经历中的最大区别，在于他们的生活中，不管是先天家庭，还是后天奋斗，往往都伴随大量的正向反馈。

正向反馈会极大程度地激发人的自信，让人觉得：我值得这样的生活，我可以做得更好。

当初我读大学时，聊起未来的理想，我以为我立志去一线城市工作就很有志向了，但是隔壁寝室的同学直接说，为什么不去最好的企业当一个高管？再不行自己创业当老板啊，凭什么就要给别人打工？

当年的我想都不敢想，连连摆手说道："那不是我能做到的，那些人能力太强了。"

他却一挥手："都是人，我也不缺胳膊少腿，我为什么不行？"

他从小就在经商的父母旁边，那些高管在他看起来就是每天笑呵呵地夸他又长高了的叔叔阿姨，他自然会觉得这些人能做到，他也自然能做到。

但是我没见过，我不敢想，我在当时只会觉得自己过不上那种生活。也是在同学这番话的影响下，我并没有自我设限。回望这几年的创业经历，"都是人，我为什么不行？"这句话，总能激励我重拾勇气，因此，我想分享给更多人。

尤其是女生，你想成为见过世面的人，你就先要让自己相信你配得上那样的生活，你不比那些人差。

不要不敢说、不敢想，反正你现在还年轻，先把远大的志向立了再说，先坚定地相信自己能活成想要的样子，你先想着，你先做着，有问题就解决问题，朝着目标前进。

别觉得将来嫁个好人就算了，你就不能想想自己将来是要从众多追求者里挑人吗？别觉得自己这辈子最大的意义就是相夫教子，你难道没有自己的追求和事业吗？你想了，你去做了，你为之奋斗了，这期间经历的一切，都会是你在感情里表现得"见过世面"的底气。

第三点，是第二点延伸出来的，就是敢于拒绝。

前两点告诉你敢于接受，相信自己受得起、相信自己配得上；第三点告诉你敢于拒绝、敢于杀伐决断。

敢于舍是见过世面的重要表现，也是成为见过世面的人必经的过程。你要坚定地告诉自己：我有更好的，或者我将来一定会更好。

之前，有个女生要我帮她挽回前男友。我问她相处过程中出现了什么矛盾，她说男朋友没有工作，经常抱怨两个人收入少，而且自己平时工作忙，家务做不好，所以经常吵架。再加上她平时也经常哭诉生活不易，负能量大，男朋友受不了。

我问她："你知道换成我，我会怎么做吗？"她立刻屏息凝神，以为我会拿出来什么绝招帮她破镜重圆。

我一字一句地告诉她："我会让他有多远走多远。"

你问我什么才叫见过世面？我说很简单，不要当个囤积癖，有勇气杀伐决断，敢于果断扔掉鸡肋。

舍的过程很痛苦，鸡肋再难吃也有肉，但是别忘了，见过世面的人不会舍不得扔掉这点难啃的肉，因为他们有自信将来能吃更好的。

那些不合心意的环境、那些违背心性的境遇、那个让你皱眉头的伴侣、现在将就着还能过下去的生活，根本培养不出来那个你想要的自己，明白吗？

相信我，吃苦耐劳的人，永远有吃不完的苦；忍气吞声的人，永远都有受不完的气。

以上这些，就是我做情感咨询这么多年，最想对那些没自信的人说的话。

只有你先不看低自己，别人在感情中才能给你足够的尊重。只有你足够爱自己，别人才能参照你爱自己的方式去爱你。

感情中的热暴力
——边缘型人格

有个女生来咨询如何挽回男友，说自己因为"太爱"男友而被对方分手。我怀着好奇心，看完了咨询者所有的聊天记录，发现她的"爱"是一种带有控制性质的"暴力"。在这段关系中，女生的付出确实比对方多，在要求被及时回应的同时她需要对方不断地以她认定的"爱"的标准来对待她，这样她才满意。

恋爱中的热暴力的主要特点，体现为没有边界感、过分黏人，在双方遇到的各种矛盾上都需要以"你优先满足我的需求、为我让步和改变"这一原则来收场。同时，要求对方全权为自己的情绪负责。这类人在关系中的攻击性和掌控欲极高，会通过各种行为让伴侣满足自身预期。对于超出自己预期和掌控之外的突发事件耐受力非常差，控制情绪的能力也非常弱，关系中常伴有语言威胁和肢体冲突。在双方关系结束的情况下，则会死缠烂打，丝毫不顾及对方的利益和感受。在被分手后，则会反复纠缠很长一段时间，不愿承认自己在关系中存在的问题和给对方造成的伤害，过分强调自己的利益和付出，并以此要求对方复合。

惯用热暴力的人在亲密关系中会表现出边缘型人格障碍的典型特质：

- 情绪摇摆不定，具体表现为情绪低落、激动或焦虑。
- 有不顾后果冲动行事的倾向，具体表现为：过度放纵、暴力行为、药物或酒精滥用等。
- 缺乏预见和解决问题的能力。
- 缺乏对挫折的耐受力，面对挫折会爆发强烈的愤怒，以及攻击行为。
- 有卷入强烈而不稳定的情感关系的倾向，例如因一点小事就故意疏远伴侣，而后发现伴侣没有道歉的打算又惊恐地尽力想把对方挽回。在人际关系出现危机时，表现出自伤甚至自杀威胁。

在亲密关系中，要格外小心这类人，因为他们的危害有后置性。

在相处的初始阶段，由于他们的情感起伏较大，善于做出一些"浪漫"的事情而易被青睐。恋爱初期，他们看起来也是优秀的恋人，对另一半十分关注，可这不是出于爱，而是因为他们对伴侣有强依赖、强控制的欲望。

随着关系的加深，激情期结束，磨合期来临，这类人偏执的一面开始逐渐展现：不接受伴侣身上不尽如人意的部分、想方设法去改变对方、不尊重伴侣个人喜好、不给伴侣空间等，试图把伴侣捆绑在身边。

在这个过程中，如果伴侣是心智成熟的人，就会意识到这类人的恐怖之处，及时抽身；如果心智不成熟或恋爱经历尚浅，就会被恋人时而暴怒、时而示弱的行为操控，认为正是因为对方太爱自己才会如此，甚至会反思自己行为是否有不当之处。

表白遭拒或分手求和导致的极端行为，我们应该都有所耳闻。无论是暴力事件，还是阴魂不散的骚扰、频繁地在对方住处等待的行为，面对这些非正常的情感纠葛，我们所能做的非常有限。我们需要意识到生活中有相当大的一部分人，是存在人格问题的。只是受限于精神卫生资源，不管是司法鉴定中心还是精神卫生中心，只能对精神疾病范畴的中重度患者进行鉴定和收容看管，而法律的保护又有很强的滞后性，作为普通人，应该做的是尽量识别和远离有人格障碍的人，保护好自己。

这些在恋爱时会表现出人格障碍特质的人，可恨之外，也有可怜之处。他们大部分是没有受到正确的情感教育的，甚至原生家庭还给他们造成了心理创伤，再加上缺乏及时的心理干预，导致他们没有健全的人格和面对挫折的勇气。

不管是亲密关系中的焦虑型依恋、回避型依恋，还是缺乏人生价值的"空心病"，都在折磨自己的同时也折磨身边重要的人。所以，作为个体，对心理健康的必要了解和识别就显得尤为重要，这样才能在保护好自己的同时，以彼此都舒服的方式去爱他人。

感情中的冷暴力
——述情障碍

冷暴力，在心理学上归属于"被动攻击"的范畴，与大发雷霆的"主动攻击"相比，冷暴力更加内敛，会通过沉默、不合作、拒绝、拖延、不耐烦、含沙射影等方式来表达反抗。

在生活中，使用冷暴力的人很多，有的人是习惯对伴侣隐藏情绪、直接使用冷暴力。而有的人是大发雷霆后，消极情绪依然得不到排解，进而演变成冷暴力。

无论是哪种形式的冷暴力，对感情带来的伤害程度和语言暴力是同等的。甚至因其隐蔽性，冷暴力对伴侣带来的伤害更为严重。

其实，冷暴力的人之所以采用这种方式处理问题，主要有以下三点原因：

1. 冷暴力使用者往往不善于表达

不管是在发生矛盾时，还是在平常交往中，这类人都有一种"缺乏耐心"、"不好好说话"的沟通习惯。他们总是言简意赅，有时说话甚至模棱两可。对于复杂的事情不愿意做出详细的说明，心里却希望伴侣不用沟通也能明白他们的意思，自然很容易引发矛盾。

与之相比，他们的伴侣希望他们多说话，多表达自己的想法，对自己的疑问进行解答。其沟通的需要，一直处于未被满足的状态。

2. 冷暴力使用者有刻板的"对错观"

这类人心中有一杆严苛的秤，会用很多苛刻的标准去衡量伴侣是否合格。但是理性层面，他们又认为使用这些标准来批评对方是很刻薄无情的，因此他们往往只在内心默默地给伴侣扣分，不让伴侣知道其存在。

一旦伴侣违背了某一条标准，如"在我专注的时候不应打扰"，他们心中的法官便会开始审判，随后用沉默和不合作的方式来惩罚对方。因为他们对自己心中的标准是不完全接纳的，自己对"以负面情绪惩罚对方"这种做法也是不完全接纳的，所以一切都是暗中进行，自己也未必了解自己的动机，这是使用冷暴力的人知道冷暴力会伤害对方却总是无法自控的原因。

3. 不直接冲突，是他们明哲保身的心法

他们不会与对方直接产生冲突，对方想要吵架时也不会奉陪，因为他们隐隐约约感受到如果把一切摊开来说，就会显得自己是一个小家子气的人，是在乱发脾气，这样就理亏了，瞬间失去生气的正当理由。

他们心中还有一种担忧：如果自己把顾虑直接说出来了，对方来一句，"原来是因为没有送礼物呀。礼物已经准备好了哦，不过我是打算最后再给你的呢。"这样一来，小丑不就变成自己了吗？所以，只要自己保持不开心，就不会失去"在理一方"的地位，也不用承受羞耻感的折磨。

说到这里，你可能已经领悟到处理冷暴力的正确方法了——

1. 洞察一切，接纳一切，不跟着着急上火

很多人在面对冷暴力，一开始是一头雾水，随后是不知所措、着急，再往后是生气。从"他是怎么了"，到"难道是我怎么了吗"，再到"你到底怎么回事"。如果你进入了这个陷阱，就意味着你认同了他心中的预期，他会说，"嗯，对的，就是你错了，不然你这么着急干吗？"

所以，看待冷暴力的人，要如同看待一个爱闹小情绪的孩子，而你是对其充满体谅和关爱的妈妈。在你眼里，他所纠结

的不过是一两颗糖的小事。

2. 虽然不知道发生了什么事，但与我对你的爱和尊重相比，都是小事

在冷暴力者的眼中，你的"错误"更容易被认定是刻意为之，是出于对他的不尊重和不重视，因此对他而言是大事。但事实上，这只是你的一个无心的小过错，不然你也不会对他生气的原因一头雾水了。

此时，带着情绪质问他说"是我哪儿做得不对你直接说呀"是不明智的，因为你的情绪在告诉他，"这回不是我犯大错，就是你犯大错了"。你要表现出"一切无关紧要，因为我还爱你和重视你"的态度，这样，不管他纠结的事情是什么，他生气的理由都会不攻自破。

你可以说："你是不是不开心呀，不管发生什么，我都是最爱你的，等下给你做你最喜欢吃的意大利面吧。"

你需要表现的是，对他的负面情绪表现出你的爱心和关心，而不是因为自己的过错而带着愧疚地想要弥补他。

如此一来，他所认为的"你不尊重我"、"你不在乎我"的假设就不成立了，他不得不重新思考："我对那件事情的理解真的是正确的吗"、"或许这真是一件微不足道的事情，是我太敏感了"，进而变成"好吧，既然是这样，那我就悄悄地好起来吧，再生气下去就太丢脸了"。

当他意识到，冲突根本就不存在，报复自然也就无从谈起了。

3. 如果对方把冷暴力当作惩罚措施，请果断离开

当然，如果冷暴力已经变成一种持续、习惯性的冲突应对方式，建议直接分手。同理心是亲密关系中最重要的考量因素，如果对方的冷暴力是一种他习以为常的惩罚方式，那么他会经常用冷暴力逼迫你就范、妥协。

请相信自己内心的感受，如果你发现伴侣存在这类问题，应该明确自己的立场，同时表明他对你的伤害，而后妥善结束这段关系。长期处在冷暴力中的你会越来越憎恨这个世界，也会逐渐丧失对爱情本真的期待。

恋爱的两大支柱
——"安全感"和"预期感"

———

长期关系中，能让人们有动力持续经营关系、解决问题的支柱有两个：一个是安全感，一个是预期感。当这两根支柱断掉时，一个人就对这段感情没有了期待，也不会再愿意为感情付出。

当安全感被破坏时，"不合适"只是一个借口。

对情绪敏感的人来说，当他们感觉到伴侣在这段感情中无法提供安全感时，离开就成了一件注定的事情。

安全感缺失的人，在感情当中的付出都是十分小心翼翼的。如果他们在一段关系中感受到了威胁，他们就会立刻想办法减少自己对对方的依赖，甚至想要直接放弃这段感情。

感情当中，有三件事是最容易让一个人感到安全感缺失的：

● 客观阻力的存在：类似异地恋，家庭反对等外力干扰。

- 原有感情的变化：彼此间的吸引力下降，两人间的互动
  减少，彼此都无法做到"事事有着落，件件有回应"。
- 归属感不明确：未将另一半展示在你的社交圈中，或者
  其中一方有意无意地在隐瞒自己有伴侣这件事情。

这就是"不合适"实质所表达的含义。

"我们不合适，你家里人不喜欢我"。

"我们不合适，我们要异地了，要分道扬镳奔向各自的未
来了"。

"我们不合适，我很明显地感觉到，你对我不如从前那般
热情，我的事你也不愿意再上心、再有耐心了"。

不合适的言外之意就是，感情中的一方认定，对方不能提
供安全感和期待感，继续维持这段感情，只能让彼此对这段关
系更加失望。

还有一种"不合适"，是对关系走向的判断，这种情况是
因为关系中有一方意识到了双方有不可调和的矛盾，比如价值
观：一方不愿意为奢侈品的品牌溢价付费，而另一方恰恰把奢
侈品当作彰显自身价值的重要工具。男方希望女方嫁过来能和
父母同住，而女方却排斥两代人生活在一起。

类似的常见状况还有两个人对于未来的预期不一样：一方想趁年轻多打拼几年，而另一方想赶紧结婚生子。双方对未来都有规划，可是规划中都没有对方的身影。又或是一方对于情绪价值的要求很高，但另一方却觉得过度的"黏腻"是一种病态、缺乏边界的体现。

对于未来预期的落空，也是从上述类似的场景中一点一点累积导致的。双方都能意识到存在核心矛盾，但又都不愿改变自己，反而都抱着继续磨合，总有一天伴侣会因为离不开自己而迁就自己的幻想。最后在漫长的争执和失望累积之下，总有人会想结束这段不断消耗彼此的关系。

预期感本质上也属于安全感的一种，但是预期感被破坏，有着更细致的体现。

● 关键问题上的观念出现差异，比如要在大城市生活还是去小镇生活，结婚后要不要孩子。

● 对于未来感情的规划上出现分歧，比如一个人积极规划未来，而另一个人压根没打算。或者一方要求另一方做出极大的牺牲和妥协。

● 心理预期与现实不匹配，比如女方刚开始想要一个好男朋友，再后来想要一个好丈夫，最后想要一个能一起帮助自己养育后代的好爸爸，而男方只想恋爱或是丁克。

预期感被破坏带来的后果比安全感被破坏更加严重，因为这相当于直接给感情"判了死刑"，让人认为这段关系不会有结果。

因此这个时候，对方不愿意继续走下去是有原因的：这段感情早就没有结果了，只不过是早结束还是晚结束的区别。

为了预防安全感和预期感被破坏，我们在感情当中应该提前做好两方面的准备：给对方充足的安全感、准备好随着时间的变化调整自己所扮演的角色。

安全感是让对方感受到你有能力，能够保护和照顾一个人。所以在你提升自己的价值、规划自己的未来时，心里要想着伴侣，让对方感觉到你在主动地带他融入你的生活和未来规划中。

预期感意味着一个人要随着感情进展变化调整自己的角色，适应变化的重心：恋爱前期是情绪体验、中期是三观磨合、后期是未来规划。没有什么角色是可以一直不变保留到最后的。关系里真正需要的，是保持共同成长的态度。

对方不是一感觉到你们不合适就会选择分手的，而是在长期的考察中，你不止一次地暴露出你没有做好准备的真相，不止一次地让对方失望，对方才会对你们的感情失去信心。

此时如果还想挽回这段关系，就需要重新对关系的进程进行评估，从根本上解决问题：明确地把自己能够做出的改变——罗列，以自己已经在做出的改变为依据，证明日后遇到相同或类似情形时你会有更好的应对策略，而不是双方又陷入争吵和都不愿退让的死循环里。

有了具体的改变，消除了对方对于安全感下降带来的顾虑，才能让其愿意重新经营关系。

或许我们都曾憧憬过义无反顾、不顾一切的爱情，可当我们真正走入亲密关系，决定要和某个人共度余生的时候，才会意识到，原来感情不是自己坚定地想和某个人在一起，就能消除种种障碍的。在现实中，我们要面对的问题会比想象中多得多，这也是为什么很多人在劝慰感情失意的人时，总会说"喜欢不是最重要的，合适才是最重要的"。

我们需要承认，每个人进入一段关系时，一定或多或少都带着需求和欲望，也希望对方能够满足我们。但我们更需要意识到，我们向对方索取的，往往也是对方期望从我们身上获得的，比如：坚定、信任和体谅。

这也是为什么会有"什么样的人不适合走入亲密关系"这样

的论调。本质上这种说辞是在告诉我们，过于自我的人，只是希望自己被保护、被给予，而不是思考自己能为对方做什么、付出什么、改变什么。这样的人无论和谁建立亲密关系，都是很难长久的。

经常有人问我，如何定义健康的恋爱？

我个人的理解是，爱的基础建立在照顾、尊重、了解和责任之上。

在一段感情中，双方都是独立的个体，这就意味着没有哪一方离开另一方就"不能活"。（"不能活"是一个情绪化用语，通常指短期甚至长期影响到一个人的正常生活和情绪的情况。）照顾也不仅限于照顾对方，而是两个人都有照顾好自身的能力。双方都是情绪稳定、独立的人，允许对方的改变和离开，不会由于关系中断或彻底分手而做出伤害自己或对方的事。抛开恋爱关系，每个人都有自己的生活、爱好、工作。

双方在这段情感关系中的体验，都是正面情绪多于负面情绪。也就是说，并不是不允许矛盾和问题的发生，而是双方都在积极地解决问题，直面问题不逃避责任。

健康的恋爱模式，通常有以下两种相处法则。

1. 不拿自己的"尺"去"量"对方

这涉及尊重对方的边界。坦率地说，我不是很相信有"完美的恋爱"存在，毕竟没有任何两个个体，是完全经历了一样的事、遇见了一样的人，所以三观有一定差异是必然的事情。允许差异的存在，是非常重要的。

2. 彼此都成为更好的自己

一个女生如果恋爱后变得更加漂亮、自信，男生也改掉了很多坏习惯，懂得了关心和照顾一个人，两个人都因为亲密关系变得更优秀，那这就是一段好的感情。

这种要变得更好的动力，不是来自外界压力，也并非来自讨好别人的想法，仅仅是发自内心地想要让自己和对方更幸福的自然结果。

每个人心里都有一个理想的自己，而恋爱正好给了你一个契机。在恋爱中，你可以发现那个差劲的自己，也会让你有动力想去改变自己，去靠近那个理想中的更美好的自己。

亲密关系如何变成相爱相杀
——焦虑型依恋

根据心理学家巴塞洛缪依恋关系理论，成人的依恋模式可以被划分为以下三种：安全型依恋、焦虑型依恋和回避型依恋。

● 安全型依恋

这类人构建的亲密关系是最健康的，因为他们有充足的安全感，能感觉到来自他人的爱与关怀，也能坦率地向对方表达爱意。不会过分亲昵，也不会过度疏远。与这类人谈恋爱有一种自在、安心的感觉。

● 焦虑型依恋

这类人对爱情有强烈的渴望，容易痴迷地爱上一个人。在感情中有很高的需求感，期望与伴侣有尽可能多的互动。但是，又缺乏安全感，对忠诚度有很高的要求，经常怀疑对方有不忠的行为，因而害怕自己被抛弃而容易情绪化并引发冲突。

● 回避型依恋

对这类人而言，爱情并不重要，重要的是要有自己独立的空间。和人太亲昵，或相处太长时间，会感到不舒服，所以他们在亲密关系中总是想拉开距离。同时，他们很少表露自己的情感，发生了矛盾也不愿意沟通，只想独自消化，所以经常给人一种冷漠的印象。

回避型依恋又可以分为两种亚型：疏离型和恐惧型。

这两种类型都有回避的行为，但是他们的内心是不一样的：疏离型更渴望一个人生活，对亲密关系的需求非常低，所以他们冷淡、独立；而恐惧型内心其实也渴望亲密关系，但是和焦虑型一样害怕被抛弃，对他人有猜疑，所以主动采取回避的策略，"不恋爱，就不会受伤"。

不同的依恋类型都是如何形成的呢？

心理学家发现，人类在婴儿时期，就已经表现出了明显的依恋模式，它们分别是安全型依恋、矛盾型依恋和回避型依恋。

安全型依恋的婴儿，渴望和妈妈拥抱和玩耍。当妈妈在附近的时候，婴儿能够安心地自己玩。而妈妈离开了一段时间后，就会开始哭泣，希望妈妈回来。

矛盾型依恋的婴儿，则很难保持稳定的情绪状态。和妈妈在一起的时候，容易闹情绪、起冲突，总因为一些小事而哭闹，甚至有时还会打妈妈。而离开了妈妈，又会马上感到不安，开始嚎啕大哭。

而回避型的婴儿，则好像不需要妈妈一样，不管妈妈在不在旁边，都可以安心地玩自己的东西，他也不渴望妈妈的拥抱，也不怎么主动向妈妈微笑，很少哭，也很少闹。

天生的依恋模式，就相当于是依恋关系的基底，对于成人之后的依恋关系有很深的影响。

● *母亲的依恋类型*

研究表明，根据母亲的依恋类型来预测儿童的依恋类型，其准确度高达 75%。

怀孕时快乐的准妈妈与矛盾焦虑的妈妈相比，前者的孩子更可能具有安全性依恋。而且即使婴儿天生难缠易怒，如果训练母亲们养护婴儿时的敏感和反应性，他们的孩子也会比没有接受类似训练的母亲的孩子，更可能表现出安全型依恋。

这是因为，焦虑型的妈妈更容易因为孩子的一点表现而反应过度，给孩子传递了一种不安全的信号；而回避型的妈妈则无视和贬低孩子的情感需求，让孩子形成对亲密关系的恐惧和回避。

● **后天的经历**

依恋类型不仅仅由家庭的因素所决定，随着时间的推移，依恋类型在成人之后也可能发生改变。一次悲痛欲绝的分手，会让原本安全型的人不再安全；一段如胶似漆的恋情也能逐渐让回避亲密的人不再怀疑戒备亲密关系。研究发现，在两年之内，有约三分之一的依恋类型可以发生实质性的变化。

焦虑型依恋的人，应该如何做自我调节呢？

克服焦虑型依恋是一条艰辛而痛苦的道路，建议在自我觉察的同时，寻求一名专业人士的帮助。逃避问题是容易的，任由情绪操控自己是很轻松的，而相较之下，隐忍和坚持是很辛苦的。

但只有这条路，是通往幸福的道路。在过去的咨询中，我曾帮助过许许多多焦虑型依恋的人，有男、有女、有老、有少，能理解这个过程中的辛苦，但它值得。

首先，重温一下焦虑型依恋的特征。

焦虑型依恋的人在感情中有很强的不安全感，会持续处于担心被伴侣遗弃的焦虑中，容易患得患失。

具体说来如下：

- 对伴侣的需求感很强，对互动频率的要求很高。

- 经常因为认为对方不够爱自己而感到不满，容易发生争吵。

- 在恋爱中保持低姿态，过多地付出，同时渴望得到对等回报。

- 控制欲强、爱吃醋，喜欢监控对方的动态，担心对方出轨。

- 一旦关系无法按照预期发展，就容易做出情绪化的举动。

根据英国发展心理学家约翰·鲍比的依附理论，焦虑型依恋是婴儿先天气质和早年母亲抚养方式共同作用的结果。这意味着它处于人格结构内部最根深蒂固的一环，真正的改善需要时间和专业心理咨询师的介入。但是凭借一些经咨询检验确认有效的建议，也能在一定程度上改善你的亲密关系和日常生活。

焦虑型依恋的人因为自己的不安全感和高需求感，会做出许多令伴侣感受到压力的事情，如：信息轰炸、监控、指责、争吵、歇斯底里、过度表达、反复道歉、胡思乱想、作比较、钻牛角尖等。

调整自己的策略，围绕不安全感、需求感和给对方的压力这三点去作出改变。

结合相关的个案，我总结出的最为关键的五点措施如下。

1. 分散投入，把鸡蛋放在不同的篮子里

这里的"鸡蛋"指的是一个人的精力。圣埃克苏佩里的《小王子》里有句话说得很好："是你为玫瑰花费的时间，令它变得如此重要"。如果你把自己所有的精力都放在了对方身上，那他就成了你最关心甚至唯一关心的对象，对方一有动静，对你而言无异于地动山摇；对方提分手，对你而言等同于世界末日，你怎么能不患得患失呢？

一个心理健康的人，是能够合理分配自己的精力的，事业、爱情、家人、社交、兴趣，都应该占有内心的一席之地。反思一下，爱情在它们中间应该占有百分之几呢？而当下它实际占有的又是百分之几呢？

不必担心对方会由于你花在感情方面的心思减少了就不爱了，实际上，只有对方感受到的压迫感少了，他才有更大的概率去想念你，然后主动为这段关系投入。当你需要他的程度，和他需要你的程度一致时，你们的关系才能够长久维持。

2. 开启防沉迷，不做无效投入。

爱是一种良性互动的循环，爱情中对方感受到了你的付出，自然也会用自己的爱来回应。在这个过程中，双方付出的爱都是以一种对方感到舒服的方式去表达。但当有一方的心中过度焦虑时，这个良性循环就会被打破。

比如，太担心对方在外有其他人，往往会将焦虑和恐惧包装成压迫式的查岗："害怕被抛弃→你在哪里、干吗、和谁一起？男的、女的，拍个视频给我看看。到哪了，没事就快点回来。你怎么回复这么慢，是挂掉了吗？"

这种"在乎"的表达，是极具压迫感的，会让伴侣有强烈的窒息感。你需要明白，即便是夫妻关系，也需要给对方留有适当的空间。

有九种更容易让你产生焦虑情绪的行为，是你需要尽量避免的：

- 揣测对方的想法
- 没有工作，没有自己的个人生活，把全部空闲时间都用于恋爱
- 幻想各种好的或坏的可能性
- 强调自己对伴侣的付出，要求对方一定要给予自己对等甚至更多的回应，并拿他与别人进行对比
- 采用他不需要的方式表达心意

● 过度表达自我和个人感受

● 不考虑现实问题，理想化爱情，觉得只要对方爱自己，
  就应该愿意为自己做任何事

● 动辄海誓山盟

● 秉承"深情和付出得人心"的信念

以上做法，不能让对方对你产生更多的爱意，只会让你
对关系的预期更高。而更高的预期，则会给对方带来过高的压
力，让对方想要逃离这段让他不舒服的关系。

3. 目标监控，做出有效而温和的行为

当你很想做一件事，但又无法判断对错时，可以借助这套
自我反思程序进行纠错。

我的目的是什么？我这个行为能不能达到我的目的？会不
会有不好的后果？有没有更温和的方式？

举个例子：

伴侣接受其他异性的邀请，晚上一起出去聚会，你很生
气，想指着对方的鼻子说："你居然真的好意思当着我的面和
别人出去，你不知道他心里打的什么算盘吗？"

先抑制住你的冲动，深呼吸，平静你的心情，再反思一下。

你的目的是什么？

是不想让伴侣跟其他异性外出。

你这个行为能不能达到你的目的？会不会有不好的后果？

大概率不能，对方可能会跟你大吵一架，然后气冲冲地出去。或者迫于压力只好不去，但会对你的强势和情绪化不满。

有没有更温和的方式？

有，可以尝试这样去讲："宝宝，以后这种事情能不能先和我商量一下，你跟其他异性出去我会吃醋（感受），大半夜的我也担心你的安全，你能不能早点回来（诉求），或者我陪你一起去。"

这样沟通，就能把一个"压迫"的行为转化为一个温和的陈述自身感受和诉求的无害行为了。

4. 有话直说，表达情绪和需求

焦虑型的人要么是个豪放派（喜爱责备、强迫对方），要么是个婉约派（喜欢有情绪自己默默忍受，期待对方察觉并主动安抚）。这些都不是健康的沟通习惯：前者会让伴侣感到被否定、产生抵触情绪；后者则会让人在焦虑型情绪爆发时不知所措。

下面我把"豪放派"和"婉约派"的惯用表达方式转变一下，你可以体会下两种表达方式给人带来的感受区别。

豪放派：

"你还顾着自己打游戏，没看见我难受得快要死了吗？"这会让伴侣感到被否定，产生逆反心理。

"亲爱的，我心里好难受，你可以过来抱抱我吗？"这会让对方产生怜悯，感到自己被你需要。

婉约派：

"反正有些人就是不管你死活的，心都凉透了"。这种模糊的表述只会让对方感知到愤怒的情绪，而不清楚是什么样的行为导致的。

"上次生日你都忘了送礼物给我，人家好伤心"。就事论事的具体阐述可以让人心怀愧疚，也能更有针对性地给出补偿方案。

5. 回顾美好，找找爱你的证据。

一个人安全感不足的时候，便总会忍不住去寻找一些"他不爱我"的证据，千方百计地想要推翻自己"将会被抛弃"的假设。却不知越是关注那些能证明对方不爱自己的细节，内心的不安全感便越强烈。最终让对方感到自己的付出不被你重视，怎么努力也无法取得你的信任，无力感积累到极限时，就真的会抽身而去。

所以，不要纠结对方几分钟没回信息，也不要纠结对方忽略了自己某次的小情绪。多总结爱情中的闪光点，记录对方的加分项。

比如：

"迟到了几分钟他还在等我，包容我的小任性，感动"。

"出门旅行时很耐心帮我拍照片，对我在意的事情总是很认真"。

"在公园买冰激凌，他能记得我爱吃的口味"。

不管多么琐碎的事情都可以，爱就是建立在日常的点点滴滴上的。养成了这样的思维习惯，就不容易陷入"他不爱我"的沼泽里。

越喜欢越远离
——回避型依恋

───────

在以前的一次情感咨询中，我有位女性来访这样描述自己的情感困惑：

男朋友看起来并没有什么问题，认认真真生活、踏踏实实工作，没有桃色新闻，也没有任何不良嗜好，一切看起来都很正常。

但跟他相处久了，有种说不出来的压抑和愤怒。把这些情绪表达出来，对方也不会作出什么回应和表态，好像自己撞上了一堵软绵绵的墙。

男朋友看起来什么都不在意，虽然提出的要求他也会去做，但看不出这个人的喜、怒、哀、乐。他从来不发火，但也不分享愉悦。遇到矛盾不会厉声指责，但也不愿意沟通。

"有时候宁愿他跟我大吵一架"这是来访说得最多的一句话。

经过几次咨询，我发现这个男朋友的性格源自于糟糕的原生家庭，属于典型的回避型依恋。

他从小就是留守儿童，父母在他很小的时候就外出打工了，因此在他内心总觉得父母不爱自己，导致他比较自卑。

回避型依恋的核心特质，就是内心认定自己不值得被爱，认为自己不擅长处理亲密关系。

这类人群的性格特质有如下六项：

● 害怕被拒绝，所以会先拒绝自己，也会先拒绝别人

周末希望自己独处，但担心伴侣因此不开心，更担心要求被拒绝后不知如何处理，便会提前拒绝自己，压抑自己的需求，导致了自己对这段感情的排斥。

回避型依恋的人跟伴侣吵架、冷战，也会担心对方想放弃关系。但他们不会主动缓和关系，而是会通过主动远离，甚至用提分手的方式处理矛盾。只有伴侣主动对他们表露出接纳和认可，冷战才能结束。

● 遇到负面情绪容易自我封闭

有不开心的事情、有压力时，他们会选择独自一人面对，拒绝伴侣的关心和帮助。因为无论是关心还是帮助，在他们看来，都是在说"你的能力不行"。

● 抵触过于亲密的关系

跟伴侣一起出去旅游了一周，回避型依恋的人会很需要独处一段时间。他们拒绝跟伴侣讨论心事，或者在对方想要分享内心隐秘时，表现出意兴阑珊。当伴侣表现出想要推进关系，比如聊结婚时，他们会由于恐惧而含糊其辞，甚至愤怒地提出分手。

● 工作狂特质

"需要忙工作"是回避型恋人逃避问题最常用的一个借口。他们会把几乎所有问题的症结都简单地归纳为"我的能力不够强"、"我的价值不够高"，然后通过工作赚钱证明自己的能力、获取更多的价值和资源。

● 高要求

回避型依恋的人对爱情的要求很高，且刻板。会要求自己成为一个机器人般的满分伴侣，也会要求伴侣成为跟自己一样"完美"的人。一旦伴侣对这些要求有所不满，他们便会产生分手的念头。

● 需要定期"闭关"

由于回避型依恋的人对自己和伴侣的要求过于刻板，理想与现实间的差距，导致他们在恋爱中经常会体验到挫败感和抑郁情绪。因此，他们经常需要花时间独处，以缓解焦虑。

回避型依恋是如何形成的呢?

回避型人的成长经历里，有被养育者长期忽略的创伤体验。他们想依恋养育者，但一直无法实现，于是在自恋思维的影响下，他们便会将自己没得到爱的现状解读为"因为我不够好，所以父母不爱我"，即形成了回避型依恋风格的不合理信念"我没有价值"。

在这个信念的影响下，当遇到了喜欢的人时，回避型内心会有个声音："你没有价值，因此你配不上他"。所以回避型很难主动追求别人，也很容易由于一点受挫体验就放弃追求。

恋爱时体验到未曾有过的快乐时，回避型内心会出现"你没有价值，因此你早晚会被抛弃的"的声音，导致回避型很难全身心地享受一段愉悦的恋爱。他们会担心自己沉浸其中后，失去时过于痛苦。

恋爱时出现矛盾和争吵，回避型内心会出现："你没有价值，因此只能跟这样的人在一起 / 你没有价值，因此你没有资源和能力解决现在的问题"的声音。所以感情有冲突时，回避型更宁愿花时间赚钱和改造自己，而非解决感情里遇到的问题。

恋爱冷战时，回避型内心会出现"你没有价值，因此他不重视你"的声音。所以回避型会期望通过感受到自己是被重视的，从而确定对方对自身价值的认可。于是关系僵持时，回避型会主动提分手，除非对方挽留，否则自己不会主动妥协。

回避型提分手的话，这类人内心会出现"你没有价值才会跟这样没价值的人在一起"的声音，所以回避型主动提出分手的情况下，他们很少会去挽回对方，而是会醉心于工作赚钱。就算回避型被对方挽回了，他们也会因此而看轻对方、不重视对方。

对方提分手的话，回避型内心会有"你没有价值，因此他抛弃了你"的声音。所以回避型被分手不会去挽回，而是会自我封闭，然后把精力都放在能够提升价值的学习和赚钱上。

当你确定伴侣是回避型依恋时，该如何与他们相处呢？

1. 调节自身负面情绪

跟回避型恋人相处，无论你是安全型还是焦虑型，由于回避型恋人回避亲密的特质，对方又刻意疏远的行为会让你经常怀疑"他是不是不爱自己"，于是会想要去做点什么，确认对方还是爱自己的。可往往在回避型恋人看来，这种验证行为就是不自信的表现，会折损你的魅力，让对方更想远离。

和回避型恋人相处，首先需要做的就是学会调节自身的负面情绪，避免自己的焦虑、恐惧等负面情绪淹没理智，做出破坏关系的情绪化行为。

当自己内心产生"他是不是不爱我了"的疑问时，先列一下能够证明这个观点的证据，如："他一星期没有主动打电话给我"、"他回复信息的速度没之前快了"、"我打电话给他，他表现得很不耐烦"。

然后再列举反驳这些想法的证据，或者是证明"他爱我"的证据，如："他这个月刚晋升，工作压力很大"、"他主动发微信，告诉我自己在忙什么"、"他说下个月飞过来陪我两天"。

2. 给予空间，安全优先于亲密

对于回避型恋人来说，关系始终都是不安全的。这种不安全的根源是父母从没有给过他们无条件的爱，所以他们很难放下防备心对伴侣产生依赖，也很难保持亲密关系。因此在关系中，我们需要优先满足回避型恋人的安全感需求，而非自己的亲密需求。

比如你们原先说好了，每周见四次面，但他见面时状态有点疲惫，那就说明他目前的状态其实无法适应这么高频次的互动，那就给他这个自由，让他自己休息，你则过自己的日子。

只有他感受到这段关系的距离是有弹性的，他才不会对亲密过于排斥。而如果反之，他想远离你，而你却不允许关系疏远，那他就会更加疏远你。

3. 提需求先说动机，后给空间

回避型恋人的成长环境充满否定和打压，因此他们对否定极度敏感，且很容易把他人的行为解读为对自己的否定。比如，回避型恋人会回避讨论关系里的矛盾，认为对方表达不满，就是在否定自己，就是不爱的表现。而自己对伴侣有不满，也是不爱对方的表现，所以两个人不能坦率地沟通矛盾。

此时如果执着地跟对方讨论矛盾，那这个讨论的需求本身，就成了新的矛盾，会让回避型恋人更加回避。此时应该做的，是先说出动机，再给对方空间。

先说动机，比如"上周我们有了一次小矛盾，我希望能够从那次矛盾里讨论出规避矛盾的方法。我想了解你对×××事情的看法，这样能够让我们更能理解彼此，减少以后的矛盾"。

后给空间，比如："当然，如果你不想讨论的话，我也不会勉强你。什么时候你想讨论了，跟我说一下就行。"

然后离开，给对方留出思考的空间。

4. 帮助回避型恋人了解自己

回避型恋人为了适应早年那种缺爱的环境，习得了很多不利于解决当前亲密关系问题的应对方式，比如：遇到矛盾就疏远、遇到问题就封闭自我自己解决、觉得不舒服就逃离等。

如果我们仅仅只是做到理解对方，从而抵消自己的负面情绪，那久了，也会由于需要经常调整自己的思维而觉得疲惫。所以作为回避型的伴侣，解决自身的负面情绪只是治标，要治本，还是得让对方改变他的行为模式。

但是回避型内心的不合理信念"我没有价值"导致他们对于否定极度敏感。如果直接否定对方的话，会导致对方愈加回避和疏远。

所以正确的方式不是直接要求对方改变，而是让对方能够明白他那些不适时的反应方式是因何而来的，以及会给伴侣带来怎样的感受。只需要让回避型恋人意识到，他的那些习惯性反应是如何影响这段亲密关系的即可，改不改变，是对方的自由。

回避型的父母对他有过高要求，所以他才习得了回避型依恋风格。而作为回避型恋人的伴侣，我们的接纳、理解和认可，就是治愈回避型恋人的良方。

在本节的最后，讨论一个经典的问题："回避型依恋和焦虑型依恋注定相爱相杀吗？"

焦虑型和回避型很容易互相吸引，可焦虑型和回避型确定关系后，他们又往往会让彼此都变得越来越糟糕：焦虑型更焦虑、回避型更回避，并因此分手。因此用"相爱相杀"形容焦虑型和回避型的恋情是贴切的。

那这两类性格的人为什么容易相爱呢？

这就需要拆分成两个问题：为什么焦虑型会喜欢回避型，以及为什么回避型会喜欢焦虑型？

焦虑型，是指内在不合理信念为"我不值得被爱"的一类人。

回避型，是指内在不合理信念为"我不够有能力 / 价值"的一类人。

当他们没有谈恋爱时，焦虑型对被爱不自信，他们渴望爱，又怕受伤害，所以表现出来是容易暧昧，但不容易进入真正的亲密关系。

而回避型，则是由于怀疑自己建构亲密关系的能力，因此利用各种机会学习、工作、赚钱，期望通过努力避免恋情中因为自己价值不足而被抛弃。

当他们相遇了，回避型会瞄焦虑型一眼，然后继续努力忙自己的事，因为回避型会觉得"现在"不是恋爱时机，以后会更好。

而焦虑型则会试探回避型对自己的态度，反复试探后发现，他一直跟自己保持着距离，这对焦虑型来说是个加分项。双方的距离够远，短时间内不可能建立起亲密关系，自己也就不会由于被抛弃而受伤。

而且回避型对异性这么疏远，如果跟对方恋爱，以后由于喜欢别人而抛弃自己的可能性更低，因此焦虑型会更轻松、自在且主动地去跟回避型暧昧。

焦虑型这一坚持，回避型也心动了，会把焦虑型这种长时间"热脸贴冷屁股"的暧昧举动，理解为对他特有能力或价值的欣赏，于是回避型会开始在焦虑型面前展示自己的能力和价值。

焦虑型不了解回避型这些内心戏，只觉得是自己"融化了冰山"，所以会在回避型面前更积极主动。

回避型获得了更多"认可"（暧昧举动）后，会认为面前这个人是世界上最懂得欣赏自己的人，于是也开始变得主动起来，把积攒多年的对自己未来理想恋人的爱瞬间倾泻出来。

到这里，焦虑型觉得自己卧薪尝胆终于苦尽甘来；回避型觉得自己终遇伯乐，于是两个人就不可自拔地相爱了。

那接着，就该"相杀"了。

一般回避型会先开始折磨焦虑型，因为回避型认为焦虑型是欣赏自己的能力才跟自己在一起的，那应该也是会渴望拥有能力的，所以回避型会要求焦虑型和自己一样尽力提升个人价值。

再加上回避型对完美爱情的想象——两个人一起努力，对抗生活的磨难。所以回避型会对焦虑型不足的能力过分严苛，不允许焦虑型有脆弱的一面。

结果，回避型的改造愿望在焦虑型这里，等同于"现在的你不够好"、等同于"你不变好，我就会抛弃你"。于是焦虑型体验到了焦虑，随后开始带着焦虑和不满去跟回避型互动。

同时，回避型把精力收回到工作、学习上，也让焦虑型特别没有安全感，所以焦虑型会通过作、闹、试探确定回避型到底还爱不爱自己。

焦虑型的这些行为，带给回避型的体验，都会让回避型判定——眼前的这个人不是我要找的优秀队友，于是回避型会更加回避、疏远焦虑型。

回避型一疏远，焦虑型就更焦虑了：要么暴露脆弱，去道歉哀求；要么反向形成，表现得特别强势地去攻击指责对方，结果让回避型越来越回避，直至分手。

到这里，"相杀"结束。

焦虑型和回避型的相爱源自于他们内心都有缺口，同时他们都误以为对方就是那个能够填补自己内在缺口的人。

焦虑型以为回避型的稳定意味着永远不会离开自己；而回避型以为焦虑型的情绪起伏和主动，是因为欣赏自己的能力。

焦虑型学不会独处，回避型学不会自我欣赏。所以焦虑型期望永远被陪伴，而回避型期望永远被仰望。

焦虑型和回避型的相杀，源于他们内心未解决的问题。

双方都是内在世界不稳定的人，所以他们体验到的外部世界是动荡不安的。因此，他们把保持稳定不变的责任强加到了伴侣身上，他们会对伴侣有过于刻板的要求，一旦伴侣有所改变，对他们来说就是无法接受的灾难。

回避型无法接受焦虑型不崇拜、认可并模仿自己；而焦虑型无法接受回避型有可能想放弃感情的念头。对彼此的要求越高，自然，关系就会结束得越快。

为什么焦虑型和回避型
会相爱相杀

———

焦虑型依恋和回避型依恋在一起的组合，注定就是相爱相杀的结果。

刚在一起时，两个人可能都觉得自己找到了理想对象。

因为焦虑型依恋十分主动，特别情绪化；而回避型依恋则十分被动，而且表面看起来情绪很稳定。他们虽然都表现得很独立，但是内心都渴望亲密关系，且容易被对方的类型所吸引。

但是随着他们相处时间增加，矛盾就会出现。

因为虽然焦虑型依恋在一段关系当中很乐意付出，也愿意为对方考虑，但是焦虑型依恋是十分在意反馈的。而这一点恰恰是回避型依恋比较难以接受的地方。回避型依恋会觉得，焦虑型依恋在这段关系当中，频繁地要求自己给对方反馈，是在给自己施压，自己会有一种被控制的窒息感。

　　这个时候，两人就会陷入彼此互相埋怨的状态中。焦虑型依恋会觉得，这段关系一点都不公平，看起来对方根本也不喜欢我；而回避型依恋会觉得，我已经在尽力表现得很喜欢你了，而且我早就告诉你了我是一个什么样的人，你还在喋喋不休地指责我，那我们还是保持距离吧。

　　这个时候，两个人就进入了一种彼此折磨的状态，用不了多久，这段感情将以分手告终。但是，焦虑型和回避型的情侣，又没有那么容易分开。

　　大多数磨合不好的感情，当事人都会相互埋怨，觉得对方不懂自己，觉得对方做得不够好。但焦虑型依恋和回避型依恋比较特殊，他们能很清楚地意识到自己身上是有问题的。他们都成长在不幸福的家庭环境当中，当感情出现问题的时候，虽然彼此之间有争吵和冲突，但是从心底里，他们是能意识到问题不在对方身上，而是在自己这边。

　　只不过焦虑型依恋在这个时候，会更加急迫；而回避型依恋则是会在感觉到压力的时候，越发地想要逃离。

　　那么，这段关系的问题究竟出在哪里呢？我们过往接触到的这类咨询案例当中，都存在一个共性：不管是回避型还是焦虑型的人，他们其实在一段关系刚开始的时候，都是处于一种伪装的状态。

焦虑型的人从小缺乏关注，所以焦虑型依恋的人会在一开始力求扮演一个完美的伴侣，恨不得想尽一切办法占据对方的全部注意力。

而成长于压抑和冷漠的原生家庭中的回避型依恋，则会习惯在一段关系刚开始时，压抑自己的不安全感。在回避型看来，毫无保留的亲密关系是不存在的，自己要学会伪装。

所以时间长了之后，两个人相处的都会特别累，都觉得很费劲。

如果你是焦虑型依恋，那么你要好好想一想：你是不是真的能够接受对方的样子？你现在十分热情的付出，到底是你真的喜欢这个人，还是想要和对方证明自己是一个很好的伴侣？

当你指责对方不爱你的时候，你的指责来自客观事实，还是来自主观臆断？因为作为焦虑型依恋，往往你会不自觉地放大你对于另一半的情感需求，而极少有人能够满足这些高标准和及时回馈。

而如果你是回避型依恋，我知道你想要自己的空间，但是在进入亲密关系之后，过分追求自我的空间，本质上是一种十分自私的行为。如果你无法接受和对方共享你的生活，并且在绝大部分情况下选择无条件地信任对方，那么你就不适合进入一段关系。

而只有当你让对方感觉到爱，感觉到温暖的时候，对方才有可能给你你想要的空间和自由。

焦虑型依恋和回避型依恋的人，因为相似的经历和创伤，所以很容易互相吸引。但如果彼此不能意识到对方不同于自己的特点，总是在感情当中过于关注保护自己，单方面满足自己的需求，那么就很容易变得相爱相杀。

只有意识到这一点，才能逐渐学会和对方和谐共处，避免"回避总在拒绝，而焦虑总在施压"的相处困境。

付出感和爱的差异

被分手 / 被拒绝后依旧死缠烂打是"真爱"吗？

在过去的咨询中，我就多次遇到过有这类烦恼的咨询者：已经明确拒绝了对方的示爱，却依然被连番纠缠。

这种行为是"真爱"吗？显然不是。

爱上一个人所呈现出来的状态，其实取决于一个人的自尊情况。

如果一个人的自尊水平过低、性格自卑，一点回绝信号都足以让这个人裹足不前。只要没有得到预期的回应，就会唤醒他们潜意识中的挫败感和被忽视的创伤经历，所以任何消极的反馈都会引发其挫败感。为了维护自尊，他们会选择压抑自己的真实情感。

如果一个人的自尊水平过高，也就是自恋型人格障碍，就会由于追求被拒绝而产生强烈的羞耻感和愤怒。为了消除这些情绪，他们会通过反复纠缠的方式，试图强行让对方给予自己积极反馈。

很多人自以为的爱，其实只是某种欲望的折射。

她说她爱他，所以才为他患得患失，时不时闹个小情绪。经常提分手，也只是想夺回关系中的主导权。同时，通过提分手的方式，不断确认自己在对方那里是不是具有最优先级。他们需要确定自己一定是伴侣心中的第一位，伴侣的生活、工作、社交、爱好、亲人，都需要为自己做出让步，才有安全感。

可这一切的举措、方式、手段指向的都不是爱，而是对对方的要求，要求对方能够全权满足自己。

这是需要，不是爱情。这类人只是需要一个人给自己特权，满足自己所有的欲求。

他说他爱她，所以才对她死缠烂打，希望她能理解自己的良苦用心，相信只有自己才能带给她幸福，要求她远离其他"渣男"。他这样也不是爱，只是需要一个人来满足自己的占有欲。

大多数人都把爱情想得太简单了，他们说相爱，要一起吃饭、一起看电影、一起游戏、一起体验恋爱的美好，但其实只是内心需要身边有一个恋人的角色，而恰巧身边的某个人符合需求。就犹如一顿快餐，方便、快捷、实惠，满足口腹之欲，不好吃就换一家，并不心疼。感情可以脆弱到被突如其来的疫情击倒，因为脱离了电影、酒精、聚会，这些人才发现，两人间的话题如此匮乏。

人们因他人的外表、才华、性格或财富而生出了好感，然后认定这种情愫叫作爱情，其实爱来爱去都是爱自己。爱那种被爱的虚荣，爱那种被需要的伟岸，爱那种相互折磨的存在感，甚至爱上了那个爱而不得飞蛾扑火的"深情的"自己。爱了那么多，其实都是自己情绪和需求驱使下自欺欺人地编排着独角戏而已。

恋爱过程中付出总是想得到同等回报怎么办？

付出想得到回报是人之常情。在过去的咨询中，我经常鼓励来访者学会表达"我的付出是需要看到回报的"的态度，这可以有效筛选掉那些自私自利的人。

只是这里有一个很容易被忽视的思维误区：很多时候一个人口中的付出，只是一种付出感，而不是具体的行动。

举个例子，很多人在关系中不敢主动，担心主动会让自己显得廉价、会贬值。但这种观点并不是事实，真正让一个人贬值的，不是主动的行为，而是自身的内耗。

喜欢一个人，并主动给他发消息，这没有任何问题。

真正有问题的是，当他发完这个消息后，隔三差五看一眼手机的焦虑。以及如果没得到及时的回复，就会凭空出现的各种糟糕的预设。

这就是很多人的心理误区，他们觉得自己在一段关系中付出了很多，但仔细复盘一下，会发现付出的大多数都是一种情绪。

把等待对方回信当中的焦虑、难过、期待，全部当作了自己的付出。但对于对方而言，这些情绪没有价值，反而会给对方带来很强的压迫感。

如果"付出"没有利他属性，那么对对方而言，只是你单方面的情绪消耗。对方不仅不会认可，还会觉得这个人情绪不稳定，难相处。要转变这种内耗的情况，我们要做的就是：保持主动，减少内耗。

该联系的时候联系、该表达的时候表达，但不要自己"脑补"剧情。期待对方按你心中的剧本行事。如果能做到这些，对方反而会对你产生好感，因为他能感觉到你在这段关系中，是热情的，也是独立的，是以一种不卑不亢的姿态站立在他身边的。

　　毕竟，不管在感情还是人际交往中，由于自恋我们都会下意识地夸大自己的付出，并低估了对方给予的反馈的成本。

　　一来一回之间，这种"亏损感"就出现了，情绪也会随之而来。越早识破这一点的人，越早实现情绪自由。

为什么"爱情长跑"
敌不过"一见钟情"

————

我常带公司的咨询师一起讨论有关分手失恋的咨询，有次讨论了几个案例后，一位咨询师小姑娘跟我说她需要休息一下，因为她感到很难过，短时间内无法接受这些真实的案例：为什么很多一开始就抱着谨慎和负责的态度相处的人，反而很难顺利恋爱？为什么在一起相处久了的情侣，最后的结果是分手而不是结婚？

我淡定地一边写着分析报告，一边回复她：这不是很正常吗？路遥"马无力"，日久"失人心"，太长久的恋爱长跑，反而不容易走进婚姻殿堂。

这并非个例，很多女生都是因为不能接受这一现象，在长期恋爱却分手后，陷入了崩溃和痛苦中。她们相当困惑：我都和这个人在一起这么久了，为什么还会分手？难道之前的感情都是假的？

"蜜月期"的时候，只要有对方在自己身边，就会感觉很幸福。相处时间越久，就越喜欢对方，直到关系趋于稳定，开始进入磨合期。这个阶段，亲密度便会开始下降。

而如果过了磨合期后，双方还没有确立正式的婚姻关系，那么亲密度就会以一种缓慢的方式持续下降：

一方面，两人经历了磨合期的考验，开始接纳彼此进入自己的生活，并且对于相处方式也有了默契，所以两人的感情不会再像磨合期一样，由于剧烈争吵出现亲密度急剧下降的情形。

但是另一方面，两人会开始担心这段关系有没有未来。对方有没有考虑过我们的未来、对方到底是不是适合我的另一半、我真的要和这个人过一辈子吗？这些焦虑、猜疑、犹豫，会一步步降低关系亲密度。所以"路遥知马力"是有消极一面的，缺少未来规划的感情在一起的时间越长，亲密度反而会逐渐降低。

而且，在过往咨询中我还发现：恋爱多年还不提出结婚的男性，有很大可能是从一开始就没打算与跟自己恋爱的这位女生结婚。

作为男生，有两个需求是特别强烈的：一个是事业心；一个是对伴侣的占有欲。

事业心告诉他们：你要利用好你身边的资源、你要努力奋斗、你要找到向上爬的捷径，越快有所成就越好。

而对伴侣的占有欲告诉他们：你要找个忠诚于你的女人，向所有人宣示你对她的主权。

在这样的情况下，一部分男生十分幸运，正好找到了自己一生的伴侣，两个人一起努力，为未来打拼。但是有一部分男生要么是因为身边优质异性少，要么就是因为心高气傲，看不上身边的人。他们现在谈的女朋友根本不是自己未来要娶的人。

这类男性会选择在自身资源还不够的时候，先找一个女生谈恋爱，稳定大后方，让自己专心打拼事业。然后在打拼出成果后，把那个"后勤大队长"一脚踢掉，找一个和现在的自己"门当户对"的人结婚。

因此，需要提醒广大女性的是：如果你的男朋友和你恋爱多年，但在结婚这件事上毫无实质性的进展，那么或许你不是他的结婚对象，而是"后勤大队长"。

其次，婚姻的作用，不仅仅是见证两个人爱情，更是两个家庭之间的资源整合。

当被问到想和什么样的人结婚，几乎所有人都会说想找一个自己喜欢的，也喜欢自己的人结婚。但是在真实选择中，房子、车子、户口、家庭背景无一不是需要考虑的。

这些迟迟不推进婚姻的人，实际的想法是这样的：你过去做出过很大的牺牲，做出了很大贡献，但是在未来的生活当中，你还会有什么价值？

感情是什么？感情就是一个礼物的包装盒，它虽然很漂亮，但人们看重的终究还是礼物本身而非包装，很少有人会做出买椟还珠的举动。

我并不是说你不好，我们做个对比：檀木盒子里放着的一瓶波特美酒，旧报纸包裹着的 82 年的拉菲，你选哪个？

公司愿意花月薪 1 万元招一个应届毕业生，不愿意给月薪 6000 元的老员工涨 1000 元的工资——因为老员工做了这么多年，他能做出来的成绩基本上已经看到了，天花板也触碰到了；但是一个新人，还有着无限的可能，他能在用老员工的青春铺平的道路上，靠着老员工积累总结的经验，迸发出更多的活力。

恋爱也是一样的道理：恋爱多年后的情侣，其实已经很接近老夫老妻的状态了，结婚之后和你会过上什么样的生活，对方其实已经知道得差不多了。但是遇到的新的异性，她是带有无限可能性的，如果相处后，他发现你们两人的客观条件也差不多，而且和新人相处起来反而更轻松更容易有好感，他们就很容易去选择一个有着更多未来可能性的人。

很多人看到上述观点后，会感到排斥和愤怒。如果你也是的话，那恭喜你，你是个能真正拥有长久婚姻的有道德的人。

上述内容，并非客观真理，而是那些找我咨询如何心安理得地跟陪伴自己多年但现实条件并不好的伴侣提分手的人用来缓解内疚感的片面说辞。感情久了会日趋平淡，男性也确实会被事业心和占有欲影响，但作为一个有道德有良知的人，并不会因此就放弃一段来之不易的感情。就算一开始确实只抱着"谈个恋爱玩玩"的想法，也会在日常点滴相处中产生情感上的依赖而难以割舍。喜新厌旧和利己，是人的生物性的体现，但人不是动物，或说不仅仅是动物。只有反社会人格障碍和极端利己主义者，才会信奉利益至上的处事原则，能不为情感所动地把感情和婚姻当成生意。

当然，同时我们也确实需要意识到，我们得有所行动才能确保感情走在步入婚姻的正轨上。

比如你有没有发掘出自身不可替代的竞争力？可能是某个

条件特别突出，或者是双方灵魂特别有共鸣。

比如你有没有让对方看到你的成长空间？恋爱时甜蜜黏人、稳定期时通情达理、谈婚论嫁时勤俭持家。如果你是持续成长的，会根据自己的角色调整自己的价值，呈现给另一半，那么对方自然会想推进结婚，一辈子占有你。

因此，本篇最大的价值，其实是让你看到迟迟不推进婚姻的人可能的真实想法。如果你的伴侣确实是这样的人，那分手对你来说应该是件好事，能用分手解决的问题，没必要用离婚解决。

第二章

婚姻篇

过去 10 年我们完成了约合 40000 例付费咨询，受咨询者群体年龄的影响，看到了很多结婚前后的纠葛与矛盾、迈入婚姻前的惶恐与徘徊、迈入婚姻后期待与现实间的落差等。

在本章中，我将会分享当代婚姻面临的挑战和解法，相信能对读这本书的你有所启发：尚未婚配的人能为步入婚姻提前做好准备，已经步入婚姻的能让关系长久稳定。

为什么父母可以二十出头就结婚，
而你不行

————

我爷爷奶奶结婚的时候，爷爷 24 岁，奶奶 23 岁。当初爷爷想要娶奶奶，第一时间告诉的人不是奶奶的父母，而是奶奶所在大队的党支部书记。

当时的流程在现在看来，简单到有些不可思议：爷爷先是和自己的大队党支部书记请示了一下，用自己所在大队唯一的一部电话，拨通了我奶奶所在大队的唯一一部电话，确定了这件事。接着换上前段时间刚刚浆洗过晒好、一直舍不得穿的衣服，然后骑着借来的除铃不响哪都响的自行车，拎着一包糖果、一包瓜子，蹬着晃晃悠悠的自行车就出发了。

而当奶奶从大队书记那里得到消息时，我爷爷已经赶了好几里路了。

当晚的仪式也特别简单，党支部大队书记做主持，大家凑了一些零食、点心，带上我爷爷拎过来的那包糖果和那包瓜子，在食堂里开了个联欢晚会。等晚会结束，这事儿就这么成了。

等到双方见家长时，两人已经结婚半年了。这"生米"煮成的"饭"，已经熟得不能再熟了。

我父母这代人结婚的时候，程序上就复杂了很多，但是也主打一个"多快好省"、"速战速决"的思路：两家人在的家属大院离得都不远，吃饭之后散个步就能顺便去准亲戚家拜访。那时的子女结婚是没有那些彩礼陪嫁的说法的，不过我姥姥还是在我妈妈出嫁之前想方设法给我妈妈缝了一床崭新的被子，还托人帮忙打了一套新家具，这在当时，已经是很有面子的事了。

至于房子，那个时候房地产还没有市场化，有钱都没渠道买房。我父母人生中第一套房子，是单位分配的，不用花钱，只是面积有点小，就一个单间。

到了我们这一代，结婚年龄就大大延后了。舅舅、姨，叔叔、伯伯的孩子里，有不少人都已经三十了，但没有结婚的打算。

我奶奶其实思想已经很开明了，面对我们这一代人不愿意结婚的情况，她没有苛责，反而是心疼，认为一定是我们现在的年轻人压力太大了。所以她经常拉着我的手和我说：别把婚姻想得那么复杂，很多事情都得结婚之后再慢慢来，当初你爷爷娶我，不也啥都没准备吗？

是啊，婚姻好像并没有那么复杂，但是为什么爷爷奶奶那一辈二十出头就能结婚；父母那一代三十岁还没结婚的话，会被人认为是不正常；到了我们这一代，有的人连基本的恋爱都不愿意谈了，更别说结婚了。

有一句话，很难听，但是很现实：爱情是美好的，但是婚姻是现实的。其本质，是一场交易。

婚姻制度在某种程度上，确实是另一种形式的交易，通过将双方利益绑定，形成一种相互扶持的同盟关系，不仅为将来的增长提供相应的助力，而且还为未来可能出现的风险提供兜底方案。

问题就出在了这里，一旦婚姻同盟关系的意义开始出现崩塌、一旦这种同盟关系做不到为增长提供动力，为奉献提供兜底能力，那就会有越来越多的人会认为，婚姻是一种负担。

为什么爷爷奶奶那一辈的人，在大好人生才刚刚起步的时候，就能做到毅然决然地签署这份终身合作协议呢？答案很无奈但也很简单：生活条件太差，合作关系建立之后，大概率只有增量，没有减量。

双方名下也没什么资产，两个人在一起，不仅赚的工分比一个人赚得多，而且两个人一起生活的成本比之前各过各的更低，无非就是多双筷子、从前一个人吃二两饭，变成两个人吃三两饭的区别而已。

至于生孩子这件事，抚养成本也低。尤其是农村地区，没什么幼儿园的概念，一口气生五六个，老大长大了带老二，老二长大了之后管老三，边际成本足够低。孩子们长大了，能有一两个有孝心，知道孝顺自己，那就"赚到了"。

这种合作，能创造出来的大概率都是增量，结果差不到哪里去。看对眼了，基本上也没什么需要再考虑的。这就好像不少普通人刚创业时找合伙人的心态，反正两个人什么都没有，还不如一起干，主打的就是多个人多份力，做成了一起分蛋糕，做不成也不损失什么。

等到了我们父母这一辈时，虽然每个人的生活条件都慢慢好起来了，但差异仍旧不大。而且在那个充满活力和机遇的年代，穷小子只要愿意干，是真的能鱼跃龙门的。所以在结婚的时候，虽然大家也会看一下彼此的家底，但时代给的增量足够大，大家对于未来也都乐观。下海做生意，成万元户是那个时代的普通人都可能实现的"梦想"。

但是，等到了我们这一代之后，变化一下子就大了，有三个情况出现了：

第一，随着前两代人的积累，以及独生子女政策的落地，这一代的孩子们身后家庭资源的积累和沉淀，已经不再像之前那样可以忽略了。

第二，独生子女的孩子，从出生就接受了两个家庭全方位的宠爱。再加上快速发展的经济社会已经把个人生活所需的基本条件准备得相当完备了，个体生活品质已经上升到一个很高的水平了。

第三，在经历高速发展之后，整个社会的增长速度已经变缓，社会已经从增量社会开始向存量社会转变。

这三种情况，导致婚姻这种结盟合作创造增量的形式，面临诸多阻力：

"我们家这几年辛辛苦苦好不容易攒下点家底，万一我遇人不淑，我这点家底折进去了，我怎么和家里人交代？""万一你就是想走捷径，看上我们家这几十年累积的家底和资源了，对我实际上没啥感情，我不是亏了？不行，我得谨慎一点儿。"

"就算不结婚，我一个人不说大富大贵，靠着自己的工资过得自由自在是没问题的，但是我要和你一结婚，那可就不一定了。"月入一万的生活，稍微规划一下，还是能过得很自由的。但是，两个月收入一万的人一结婚，那可就不一定了：

得买房得买车，将来有了孩子，得考虑给孩子提供好的条件、上好学校。这些额外的开支一增加，两人都会发现：结婚还不如我自己一个人过的时候轻松。

父母可以在二十出头的年龄结婚，但是现在的我们真的很难做到。那个年代，大家拥有得少，所以什么都简单。当初的青年男女在一起，那可真的是"男女搭配，干活不累"。

但是现在，我们好像拥有了不少，却也更加害怕失去、害怕损失。结婚突然就变得复杂且需要权衡利弊。

爱情很美好，但婚姻很现实：婚姻本质上不是执子之手与子偕老的浪漫誓言，而是签署了一份一旦你反悔就需要付出代价的合作协议。而现在，双方手上的筹码都相对较多的情况下，反悔的代价就格外沉重了。

因此，我是坚定的"闪婚"反对者，现代婚姻的维系需要更多的理性和经营，而不是冲动和激情。

"大龄单身女性"的
审视和焦虑

————

本节内容我们来讨论一下大龄单身女性如何应对婚姻焦虑的问题。

在我看来，"大龄单身女性"是一个伪概念。

先看看下面的一组数据：

"从 1990 年到 2022 年，我国育龄妇女的平均初婚年龄从 21.4 岁提高到了 26.8 岁，足足提高了 5 岁多，并且还有进一步走高的趋势。"

这个数字乍看之下也不是很夸张，毕竟二十多年的观念变迁，初婚年龄提高了 5 岁，也是可以接受的，26.8 岁结婚也是一个比较合理的年龄。但上述数据，是包含了大量三四线城市乃至一般乡镇人口的全国性普查。

在一线城市，这个数据是什么情况呢？

"2019 年，杭州市居民结婚登记中，男性平均结婚登记年龄为 31.6 岁，女性为 29.7 岁。而早在 2015 年，上海男女的平均初婚年龄就已经分别到了 30.3 岁和 28.4 岁。"

可见在一二线城市，平均结婚年龄明显比其他地区要高，这个数字是不是已经超出了你的预期了呢？

与平均结婚年龄的推迟形成鲜明比对的是，人们对于女性的期望婚育年龄并没有随之而发生合理的变化，这导致了越来越多的女性达到了社会期待的婚龄而且仍处于未婚。"大龄单身女性"这个概念，正是在这种背景下被催生出来的。

所谓"大龄单身女性"这个概念，其实是构建在不合理的社会期待之上的。应不应该存在这类的划分呢，答案是肯定的，但它的作用在于：提醒那些有育儿打算的女性，最佳的育龄是多少。医学上认为 35 岁以上属于高龄产妇，存在一定的生育风险，而在这个范围以外，社会舆论的标准其实可以不用那么苛刻，因为每个人的选择都是有她自己的道理的。

实际上，我国那些所谓的"大龄单身女性"已经面临着相当巨大的压力了，而这些压力，大多数都是来源于他人所制造出的焦虑，具体如下：

1. 父母的催婚

社会观念所定义的"大龄单身女性"其实多数是受过高等

教育的女性。而这些群体大部分出身于三四线城市，他们的父母与她们的观念之间往往存在着较大差别。

如在婚龄的问题上，老一辈觉得女孩子 24 岁就应当出嫁了，而在择偶上，他们觉得女生应当在老家附近找一个工作和收入都相对稳定、性格比较传统的对象。

这些观念都和接受过高等教育的女性是相悖的。这类女性更加希望自己事业有成，然后在大城市找一个同样事业有成且性格相投的对象。她们往往给自己预留了相当长的奋斗期和择偶期。

这组隔代观念矛盾造成的后果，变成女儿不胜其烦地忍受来自父母方的催婚，以及各种自作主张的相亲安排，更有甚者，会对女儿进行情感勒索，甚至以死相逼。

在这类咨询中，受到来自父母伤害最大的一句话往往是"我当年一把屎一把尿把你拉扯大，盼的就是你将来能找个好人家，你怎么这么自私？"、"我这辈子没别的心愿，就是想看到你结婚，你非要我死不瞑目是不是？"

2. 社会舆论的审判

从来没有哪个时代的舆论像今天这么自由，也从来没有哪个时代对人的判断标准如此地苛刻。我们都非常热衷于用某项简单而通用的标准来判定一个人的成败。

　　"不懂得读懂女生心思的，就是直男。"

　　"男生 30 岁前没有 50 万存款就不配结婚。"

　　"女性在 28 岁之前还成不了家，人一定有问题。"

　　"结婚 3 年膝下无儿，男的那方面肯定不行。"

　　其实不止"大龄单身女性"，许多群体在网络上都会受到攻击。为什么网络上的言论，会发展成各个群体之间的相互挑剔呢?

　　社会认同理论假设：个体的自尊部分来源于自身所在的社会群体。于是个体在主观上愿意坚持对其所属群体的赞许性评估，这便是内群体偏爱；而当个体进行内群体和外群体之间比较时，更倾向于贬低外群体，以获得自身群体内的优越感，而这则是外群体贬抑。

　　加之互联网的匿名性，使人们的攻击性得以充分显现，网络也由此变成了群体鄙视的重灾区。如果个人的信念不够坚定，便容易扭曲一个人的价值观。

　　在网络上搜索"大龄单身女性"四个字，随之出现在屏幕前的便是"爱算计"、"功利"、"想高攀"、"失败的情感经历"、"性冷淡"、"心理隔离"、"缺乏亲密关系能力"、"不好看"、"心高气傲"、"敏感多疑"这样的标签。很难想象，这个群体每天承受的是怎样的压力。

久而久之，所谓"大龄单身女性"也开始怀疑自身的价值，觉得自己"在婚恋市场上没有优势了，嫁不出去了，于是后半段人生难以得到幸福了"，或者自己"浪费了青春时光，做错了选择，现在所换来的这些都是不值得的"。

在我这里接受过咨询的"大龄单身女性"中，普遍存在着自我价值感低下、对他人的评价敏感的情况。但事实上，她们在事业方面取得的成就，往往是很令同龄人羡慕的，并且自身也有很强的独立自主能力，这些光芒往往都被自己忽视了。

"大龄单身女性"所面临的这些压力，该如何化解呢？

1. 要不要结婚，是自己的人生课题

这个群体中既存在着想结婚的，也存在着不想结婚的。究其内心动力的来源，又可以分为自身想结婚，但因为某些原因而耽搁的，以及本来不想结婚，但受到外界的裹挟而想结婚的。同理，不想结婚的群体里也有真心不需要结婚的，以及因为逆反心理而不愿结婚的。但不管怎么说，最需要的，是还原自己内心真实的想法。

所以在是否要结婚这个问题上，需要考虑以下问题：

● 你是否很享受一个人生活的状态，大多情况都觉得并不需要另外一个人的相伴，甚至觉得和别人一起生活是一种负担？

● 你觉得一个人的人生价值由哪些部分组成，婚姻是必需的吗？

● 在没有固定伴侣的情况下，你是否能照顾好自己的性需求，以及你如何规划中年以后个人生活及经济来源。

我认为，一个人能否生活得幸福，和他是否成家是没有必然联系的，但幸福需要满足以下两个条件：一是遵从本心而活着；二是不受他人的负面影响。

2. 坚持自己的信念，温和而坚定地面对父母的催婚

如果你自己也是打算结婚的，这个问题就相对简单些，因为至少你和父母在大方向上是相同，那就尽量不要和父母起冲突，让他们成为自己的资源。

● 表达你自己也因为结婚的事情而很着急："感谢妈妈对我的事情这么操心，我一直都在做尝试，但是结果却不尽如人意，女儿我都快要哭死了。看来，找对象还真不是一件容易的事。"

● "妈妈你要帮我找对象，那实在太好了，年前我找某某咨询，说我的贵人具备某某特征（把你的择偶标准套上去），忌讳的是某某特征（把父母的标准套上去）。"父母通常非常乐意帮你找对象，但择偶的方向需要巧妙地进行引导。

若你是不婚主义者，就需要在应对父母上花费更多的精力了。

● 许多人为了避免冲突，会选择表面上顺从父母："我会为自己作打算的了，妈你别操心"。随着时间的推移，这样只会让父母的焦虑越来越重，越早坦白，越有可能获得父母的谅解。

● 要找一次机会，郑重地和父母商量这件事，当然，需要顾及到父母的身体状况。清楚且坚定地向他们表达你为什么不结婚，你不需要去捏造一些事实，因为并不需要征得他们的同意，你只是在表达一个人生选择而已。但是越坦诚地表达自己的内心想法，往往得到理解的机会就越大。

● 哪怕他们不同意，也可以坚定你自己的信念，你不需要为其他人而活。当然，这可能会在一定程度上影响你和父母的关系。自己的选择不妥协，但是关系是需要修复的。

个体心理学的创始人阿德勒认为：人与人之间的一切矛盾，都来源于对别人的课题妄加干涉，或者允许了别人干涉自己的课题。

例如，男生对你示好，提出请你吃饭，你的课题就是接受或者拒绝他，你只需根据自己的真实意愿做出选择。至于被拒绝了感到难过，那是他自己的课题（邀请了别人就要接受被拒绝的可能性），你不必过度承担他的感受。

在社会舆论的问题上，也是如此。

要实现课题分离，就要区分清楚谁是事情的负责人，这时只需要记住一个口诀就可以了：谁选择，谁执行。就是谁的课题，自己选择、自己负责。

别人怎么说，是别人的自由，是由他们自己决定的，是由他们自身的经验决定的。他们可能从小被苛刻对待，所以评判别人也很苛刻，而你什么时候结婚，是你自己的自由。你的人生价值，是你自己的行动和价值观所赋予的。别人的价值观，只能用于判定他自己的价值。

你选择了在事业上进取，"成就"就是你的价值，此时你的人生价值应当由自身取得的成就来实现，而不是"家庭的和谐"。就好像一个选择了厨师，偏要因为嗓音不好而责备自己，这不是给自己找不痛快吗？

选择你所爱的，爱你所选择的。这是我最想告诉那些正在因此而迷茫焦虑的人。

"单身化"趋势盛行
的底层原因

————

1. 经济原因

人们的婚姻观与过去相比变化较大：过去我们是"上升式婚姻"，而现在的年轻一代信奉的是"顶点式婚姻"。

也就是说，以前的人根本不在于你现在有什么，只要能一起踏踏实实地打拼就行了。只要勤劳，身体健康，日子久了，一定能过上不错的生活。而现在，人们已经不愿意和伴侣打拼了：一方面，他们觉得，钱是自己辛辛苦苦挣来的，不能随便分给另一个人；另一方面，他们又会考量对方当下的经济状况，如果你比不上我，我就不愿意和你结婚。

在这样的价值观之下，婚恋变得像是一场竞赛，大家都觉得自己要攒足够的资本，才有资格去结婚。在一些人的眼里，车子和房子甚至成为了结婚的必需品。结婚的成本大大提高了。

所以现在的年轻人，一提到结婚，第一反应就是没钱，等攒够钱再说。等真的攒了一些钱，又不愿意把自己辛苦攒的钱花掉。因此，经济条件便成了年轻人步入婚姻的一大阻碍。

2. 风险回避

离婚的经历可能造成严重的情绪、心理、财务创伤。在离婚率陡升的同时，越来越多的人就干脆不结婚。个人的幸福是最重要的事，人们可能在不知不觉中盘算各种人生大事的利与弊时发现，离婚会危及个人的幸福，而婚姻带来的好处不足以弥补。

研究发现，一方面婚姻能暂时提升快乐感，不过结婚两年之后，快乐感通常又会降到婚前的基准。另一方面，离婚所带来的负面影响则较为持久。幸福感会在正式离婚之前就开始下降，离婚期间幸福感降至谷底，虽然之后会逐渐回升，但很难恢复到基准水平。

所以，对于许多年轻人来说，结婚就变成了一件弊大于利的事情。"反正结了婚最后过不下去，还得离婚。一旦离婚，又会给精神和经济带来巨大的损失，那倒不如一开始就不要步入婚姻。"

3. 女性角色的变化

现代女性婚育的压力较低，同时拥有更多机会追求职业与学术成就。

过去女性对于是否结婚没有太多选择，因为她们在财务方面必须依赖男性，必须留在家庭中，借此确保经济来源。不过如今性别趋于平等，有越来越多女性能在婚姻关系之外发展很好，因此迈入交往或婚姻关系的人数下降，有时甚至将事业置于家庭之前。

此外，社会对于单身女性的看法变得不那么严苛。声援单身女性的声音纷纷出现，这就鼓舞更多女性不必因为单身而羞愧。

所以，女性在经济和情感上都更加独立，也有了更多的选择，而不需要把自己和婚姻、家庭绑定在一块。

4. 消费主义带来的价值观变化

消费主义给人的价值观带来了很大的改变，那就是为自己的感受埋单。

过去的人们，比起享乐、追求个人生活的品质，更加重视家庭责任。他们认为要先苦后甜，熬过了苦日子，未来才幸福。而现在的年轻人，他们更喜欢和朋友出去玩、培养兴趣爱好、外出旅游、学习技能，提升自己等，而不是把大量的精力放在组建家庭和对未来的子女教育上。

5. 受教育程度

有研究表明，受教育程度越高者，越容易放弃建立关系，转而追求个人及事业目标。这是因为，教育程度提升，事业与婚姻冲突的可能性也会提高。之所以产生冲突，是因为个人需要兼顾各方需求：一边要在职场中寻求发展，另一边要建立长期关系，维持事业及私人生活的平衡。例如，女性如果想要读研读博，就必须花费大量的精力，这使得她们在几年内都很难有结婚生子的打算。所以，对于一些非常重视个人教育和事业的女性而言，可能会将结婚生子延后，甚至放弃。

当然，对于男性来说也是如此，虽然男性没有女性那么受影响，但高学历确实也会让男性的婚育率下降。同时还有一个可能的原因是，受教育程度较高的个人拥有独立与个人主义等价值观，进而较少有结婚成家的压力。

父母为何
"热衷"于催婚

———

　　仔细分析父母催婚时的常用理由，你会发现两代人的婚恋观已经产生了很大差异。父母催婚时常说：你不结婚，以后老了怎么办？没人陪多孤单？生病了谁照顾你？不生孩子以后谁给你养老？子女反对婚姻时常说：过成像你们那样天天吵能幸福吗？我现在一个人挺好，不想找对象。

　　父母说的是"生存"，是"生老病死"；子女说的是"情绪体验"，是"幸福"。子女说的是婚姻和"幸福"不必然相关，可父母说的是婚姻和"生老病死"息息相关。子女思考的是跟一个人共同生活的情绪体验；父母考虑的是失业了有没有人能让你吃上饭、生病了有没有人照顾你。

　　父母之所以会催婚，大概是因为他们那代人的特殊经历。看到了太多的社会变革，内心有比较强的危机意识和忧患意识，认为安全稳定是人生的第一追求，而婚姻大大加强了生活的容错能力。

他们诉诸的，是婚姻的下限——生存。

年轻人婚姻诉求的期望上升，某种意义上也是社会的进步。社会分工细化导致大多数人都可以自己养活自己。我们这一代人没经历太多的变化，社会一直在稳步发展、岁月静好，所以对于婚姻的诉求更多在于三观契合，彼此相爱。

此外，还有一个潜在的群体心理：羊群效应。

人们在不确定的情况下，会根据别人的做法来引导自己的行为，因为潜意识中认为跟随群体更安全。我不知道为什么要这么做，我不知道接下来该怎么做，但是既然大家都这样选择，那应该就没错了。催婚、催生本质上跟这种群体事件同理，是不确定性和单一认知的产物，背后的机理是社会认同理论。

社会认同理论认为：社会认同由类化、认同和比较三个基本历程组成。类化指人们将自己编入某一社群；认同是认为自己拥有该社群成员的普遍特征；比较是评价自己认同的社群相对于其他社群的优劣、地位和声誉。透过这三个历程，人们抬高了自己的身价和自尊。父母长期生活在老家，老家的语境就是那片热带雨林，其他的人都在结婚生子，都在聊孩子的婚姻，孙辈的出生。如果你想坐下来，跟父母深度聊一下，为什么一定让自己结婚，他们的理由大概是："因为别人都这么做"。这个看似荒谬的理由，就是父母在满足他所处社群的社会认同。

那么作为年轻人，该如何应对父母的催婚呢，这里提供两个方法。

方法一：巧用"拆屋效应"

国产剧《心术》中有个片段，被催婚的男主角担心母亲不满意自己的对象，于是就告诉母亲自己已经恋爱了，但对方是同性。然后母亲当下就崩溃了，哭天喊地。过了一阵，他开始安慰自己的母亲说，那都是骗她的，自己性取向正常，而且恋爱对象是女性。然后他的母亲就转悲为喜，自然而然地降低了对主角择偶的期望，认同了主角的结婚对象。

这就是著名的拆屋效应：先提一个过分的要求，被否决后，接下来的小要求也更容易被接纳。大多数人的性情是总喜欢调和折中的，譬如你说，这屋子太暗，须在这里开一个窗，大家一定不同意。但如果你主张拆掉屋顶，他们就来调和，愿意开窗了。

方法二：将结婚责任转移。

比如，父母问你：为什么还不结婚。你说：工作忙，交际圈小，没资源，没合适的相亲对象。你们帮我先找五六个家境相当的适婚青年，我先聊着，进展快年底就能抱孙子了。这时，就把责任拆解了：我久久不能脱单是因为资源不足，问题不在我身上。这时他们的注意力就会转移到筛选人上。别着急，提高点门槛，把相亲对象的条件罗列详细一些，毕竟婚姻大事不能草率，最好列下年龄、身高、工作、学历、恋爱史等。每一项不用标准很高，平均水平即可。但我们都知道，筛选项一多，标准再低也很难满足，这件苦差事就让父母来做吧。或者你说，相亲对象我可以见，但我担心我的手机有点旧，人家第一印象会觉得咱家条件不好，所以我才不敢去啊，如果我有台新的手机那就好了。而且这段话一定要当着众多亲戚说，最好能是在饭局上。这时候我们就分化并转移了家庭矛盾，你的亲戚也会站在你这边，劝你爸妈给你买部新手机。这就叫以彼之道还施彼身。到头来东西你也有了，父母也不好责怪你，也让父母真正从内心不再当面催婚。当然，最好买了之后再把东西原封不动退回去。其实手机都是小事，真正想从根源上拒绝催婚，你就拿房子说事儿。拿一堆售楼部的小册子，边看边感叹，这房子真好，爸妈快把存款拿出来吧，你说你们存了一辈子钱，不就是为了辅助我买房安家吗。直到他们骂你不懂事，不体谅家人的时候，你再亮出底牌，告诉他们，在拥有独立买房的能力前，你是不会考虑结婚的，这也是为你们减轻压力，别再催婚啦。

成为一个合格的伴侣，
应该具备哪些特质

———

很多人认为理想爱情应该是"情不知所起，一往而深"的缘分，是超脱世俗的浪漫。而婚姻的前提是爱情，应该看感觉、看缘分，不应该有诸多的条条框框和利益上的考量。

作为一个心理咨询师，看过了太多婚姻中的吵吵闹闹和聚散离合，不得不说稳定的婚姻第一原则还是"价值匹配"，感性太多、理性太少的婚姻，往往很难经受住生活的考验。

《爱的博弈》一书的作者约翰·戈特曼有个经典的观点：

爱情不是零和游戏。零和游戏，指的是两个人在一个有限的资源池里相互争夺资源，而不是试图一起做大蛋糕。没有人奉献，也没有人在创造，结果就是谁也得不到幸福，双输。幸福的爱情，则是两个人一起合作，双方都在奉献价值创造价值，合力把有限的资源池扩展出更大的空间，实现双赢。

而这种合作，讲究一个"势均力敌"，两个人价值相差不大的情况下，更容易建立稳定长久的关系。

接下来我们拆解一下价值分类，主要分为硬价值和软价值两种。硬价值是基于进化心理学的，或者说是基于动物性的价值；而软价值则是基于情绪体验，基于人性的价值。

先说硬价值，动物性的部分。我们可以想想雄性的原始人找配偶会找什么样的呢？它们会找健康的、能照顾好后代的、不容易被其他异性抢走交配的；而雌性的原始人找配偶会找什么样的呢？它们会找强壮有力的、有地位的、有足够食物的。

类比原始人的择偶标准，男性期望的伴侣是颜值高且身材好、有生活技能、沟通能力强、忠诚度高且社会风评好的伴侣。而女性期望的伴侣则是身材高大、智商高、社会地位高、收入和固定资产多的伴侣。

有一句关于择偶的说法，相信大家都有同感：始于颜值，陷于才华，忠于人品。

这句话其实背后反映的是硬价值和软价值的先后顺序——我们基于硬价值对一个人产生好奇心和探索欲，而决定跟一个人长相厮守的核心，则是他的软价值足够高。

美国心理学家伯纳德·默斯坦在 1970 年的一篇论文中，通过 SVR 理论，刺激—价值观—角色理论，阐述了硬价值和软价值对一段关系的影响权重和先后顺序。

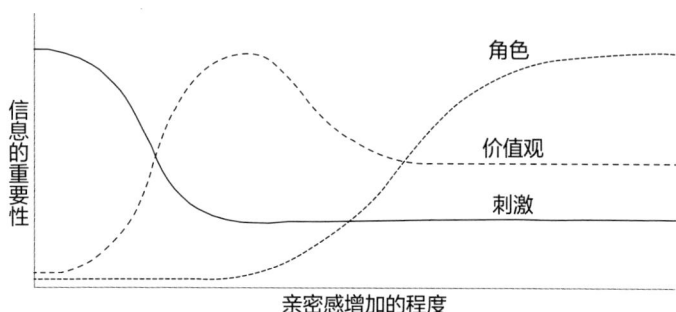

说得简单一点，大多数人择偶的时候，第一时间接触到的是外形、学历、家境，但除了考量上述条件之外，相处后的情绪体验，如有没有共情能力、沟通是否温和，会成为权重越来越高的指标。

请注意，软价值是遵守短板效应的，

也就是说，在情绪价值维度，你可以没有亮点，但是千万不能有致命的缺点，一个缺点就可能摧毁整段关系。比如焦虑型依恋、边缘型人格障碍等，对亲密关系都是破坏性极强的。

筛选伴侣时，如何去避开这些致命缺点呢？

建议大家使用一个心理学工具，叫作"大五人格测试"，它是一个对人的性格进行分类的心理测量量表。大五人格里有五个指标，其中的四个指标对衡量一个人的心理成熟度和健康度是非常重要的，分别是外向性、宜人性、情绪稳定性和责任心。

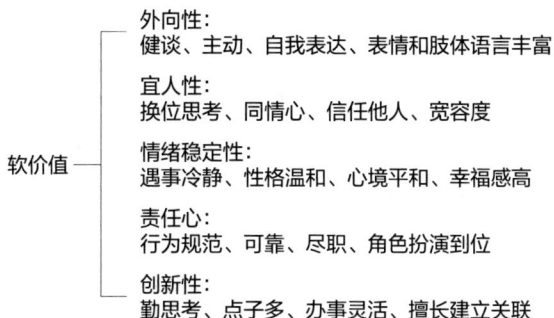

软价值
- 外向性：
  健谈、主动、自我表达、表情和肢体语言丰富
- 宜人性：
  换位思考、同情心、信任他人、宽容度
- 情绪稳定性：
  遇事冷静、性格温和、心境平和、幸福感高
- 责任心：
  行为规范、可靠、尽职、角色扮演到位
- 创新性：
  勤思考、点子多、办事灵活、擅长建立关联

外向性高的人一般健谈、主动、愿意吐露心声；而内向的人则比较沉默寡言，不容易搞明白他在想什么，但适合进行深度沟通。

宜人性反映的是这个人在相处时带给人的舒适程度，包括：换位思考、同理心、信任和宽容等。宜人性不足的话，就会自私、狭隘、多疑、斤斤计较，很难相处。

情绪稳定性高的人比较冷静、温和。而情绪不稳定的人容易焦虑、发脾气、闷闷不乐，与这类人谈恋爱发生吵架和冷暴力的概率也会大大增加。

责任心就是这个人可不可靠：在工作上有责任心，那他的经济来源就有保障；在感情上有责任心，就不容易出现出轨的情况。

　　一般来说，以上的四个特质都是越高越好，因为这说明了这个人的心理成熟度和心理健康度都不错，和这样的人生活在一起会比较幸福。

　　而创新性是一个例外，它反映的是一个人比较开放还是保守。这个指标说明事业上的表现情况，当然也关乎个人的执行力、上进心等。

爱的
五种语言

———

长期关系中，有一个很容易制造矛盾的问题：彼此的需求不一致。

过往咨询案例中，有很多互相抱怨的夫妻梳理完矛盾，都会发现，矛盾就是来自于这种偏差。

很多夫妻关系淡化，甚至最终分崩离析的原因，并不是所谓的"原则性"问题，而只是在日常相处中，一方面觉得对方不懂自己想要什么，另一方面又觉得对方的诉求不正确，是无理取闹。

本质上，是因为不同的个体，表达爱和关注的方式不同。换言之，彼此的"爱的语言"不同。当恋爱中的双方在用不同的爱语表达对另一半的在乎时，都会同时觉得自己的付出没有得到对等的回馈，觉得自己是受委屈的那个。

《爱的五种语言》是一本婚姻辅导和个人成长的必备工具

书。这本书自 1992 年出版以来，持续出现在《出版者周刊》的畅销排行榜上。作者盖瑞·查普曼，是美国著名的婚姻辅导专家、婚姻和家庭咨询机构总裁。

在这本书里，把人们表达爱意的方式划分成了五种，也就是"爱的五种语言"。处在长期关系中的两个人，需要找到彼此接受爱和表达爱的方式，才能达成舒适和平衡的关系。

这五种语言分别是"肯定的言辞"、"精心的时刻"、"接受礼物"、"服务的行动"和"身体的接触"。如果双方的语言不一致，表达爱的时候，另一半就如同听"外语"一般，自然不可能得到认可。而残忍的现实是，感情双方的主要爱语往往都不是同一种，所以需要找到彼此的爱语。

1. 肯定的言辞

心理学家威廉·詹姆斯说过，人类最深处的需要，可能就是感觉被人欣赏。有的人在社会需求中，最渴求的就是被尊重被认可。他可能是一个物质欲不强的人，可以接受现实利益的让步和妥协，但是如果让他捕捉到你对他的负面评价，他就会立刻火冒三丈。

在长期关系中，男性往往会比较偏向这个爱语，他们希望在一段关系中被认可，希望在喜欢的异性面前彰显自己的能力。

面对拥有这种爱语的恋人，需要对对方的付出多提供认可和赞美，给予更多的正向反馈，不要把对方的行动当作理所当然。

2. 精心的时刻

精心的时刻指的是双方共享的美妙时刻和美妙回忆。在这段时间里面，放下手机，把你的全部注意力都给予对方。

这种爱语的缺乏更多体现在男性对女性上，现代社会让人忙碌且焦虑，很多男性认为只要努力工作，维系好家庭，对方就应该认可自己的良苦用心，却忽略了交流的必要性。

据统计，一个男人一天大概说 7000 句话，而女人需要说20000 句。在工作中消磨了巨大精力的男人，往往回到家里，就不愿意去听妻子的"碎碎念"。而妻子的表达得不到丈夫的重视，就容易产生情绪而引发矛盾。

所以，跟另一半交流的时候，提醒自己做到以下几点：

当对方说话的时候，保持目光接触；

不要一边做别的事情，一边交流；

注意对方描述一件事情时所表达的情绪，且保持情绪的同步；

观察对方的肢体语言，以及肢体语言所表露的情绪；

对方结束一个话题之前，不要打断对方。

3. 交换礼物

在重要的节日交换礼物是一件有仪式感的事情，这种仪式感本身以及这件礼物，都会成为你们双方关系的黏合剂。

礼物可以是具化的一件物品，也可以是一次周末出行等相处的时光。

很多伴侣对仪式感这件事，态度是相差巨大的。有人认为节日只不过是资本设置的陷阱，有的人认为节日是生活意义感的补充。

其实，人本来就是活在自我编织的意义之网中的生物，在特定的时间做独特的安排，让彼此记得这一年的某个时间点，对增进关系是大有裨益的。

只是需要注意规避消费主义的陷阱，过度消费只会带来更多矛盾。

4. 服务的行动

简言之就是：做你另一半想让你做的事，通过生活中的服务使对方高兴。

最近流行的情绪价值，也是同样的意思，能察觉到对方生活中的琐碎需求，在对方主动提出之前就主动满足。

这种服务的行动往往是生活中的小事，可能是随手倒一下昨天的垃圾、天冷的时候主动给对方倒一杯热水、闲暇的时候主动去遛一遛一起养的小狗。

都是琐碎的事件，但如果主动去做，会让对方感到爱意满满。

5. 身体的接触

性生活对于一段感情的重要性不言而喻，但一直生活在儒家文化中的中国人，往往在性话题上羞于启齿，不太敢袒露自己的性癖好，也羞于主动去设法满足对方。

而谈恋爱，往往谈的是情绪，双方如果是身体上十分契合，会极大避免生活的琐碎摩擦带来的争执。因此，感情中双方谈论彼此的性体验和对性的偏好、期待，是在维护关系，无须感到羞耻。

列举完了表达爱的五种方式，很多人会想知道，如何判断自己的伴侣是用哪种语言来表达爱意的。

对此咨询经验带给我以下思路：

思考你以及你的伴侣做过什么事情最让对方生气，这背后可能就隐藏着你们最在乎的语言，与之相反，最让彼此幸福的事情，可能就是你们需要的爱语；

恋爱中，双方最经常提出的诉求是什么？最希望对方用什么行为满足彼此？这种请求，可能就是你们的爱语；

你们最常用什么样的方式对另一半表达爱？自己表达爱意的方式，往往就是自己需要的爱语。

婚前准备：
怎么确定对方是可以结婚的人

———

假如你已经有了一段稳定的感情，要怎么判断你们适不适合结婚呢？

如果要结婚的话，你们又需要注意什么问题呢？

我以《纽约时报》刊载的"婚前 15 问"为基础，结合实践经验，调整成适合我们使用的婚前十三问，可以帮助你们提前磨合三观，避免婚姻出现一些不可调和的矛盾。

第一部分是关于经济的观念。

问题一：我们的赚钱能力及目标是什么？消费观及储蓄观会不会发生冲突？

恋爱可以"有情饮水饱"，但婚姻则必须考虑柴米油盐。如果两人对于赚钱目的和生活水平的追求不同，就容易产生冲突。

例如，女方想要努力赚钱，将来过上优渥的生活；而男方只想着提前退休，早日过上清闲自在的日子。双方对生活的追求和现在的努力程度，就不在一个频道上。婚前可以尊重双方差异，但要一起组建家庭，就必须先融合双方的观念。

问题二：我们的家庭如何维持？由谁来防范可能出现的风险？

除了资源共享之外，婚姻还意味着共同承担风险。

例如：一方失业、父母患病、意外受伤等。这些情况一旦发生了，将会给家庭造成巨大的打击。所以哪一方有可能遭遇哪种风险、另一方愿意在多大程度上提供支援、会不会得到来自对方家庭的帮助，以及我们留有多少的储备资金等，这些都需要进行沟通。

问题三：房子相关问题，是不是结婚前一定要买房？

房子是一个普通家庭中最重要的消费，一定要确保四方在这个问题上达成共识。所谓四方包括：夫妻双方以及双方的父母。

现在有些人认为，将来即使不买房，也无所谓。但也有一些人认为房子代表了安全感，是必须要有的。还有一些老一辈，为了保证子女将来的生活水平，要求对方必须先买房，才能结婚。

因此，婚前必须了解多方的意愿，以及有无缓和的余地。另外，关于买房的一些细节，最好也要提前沟通好，例如：房产证写谁的名字、需不需要共同还贷、双方父母是否提供经济支持、谁来承担装修的责任等。

曾经就出现过新房交给老人来装修的情况，结果装修风格年轻人接受不了，那就会造成难以化解的矛盾。

问题四：理财问题，双方的收入如何分配？

这个问题的答案可能是多种多样的，有的家庭是把工资卡交给妻子全权负责；有的家庭是必须夫妻意见一致才消费；有的家庭是双方经济互不干涉。

在这个问题上，最糟糕的情况是各自为政、毫无交流、互不干涉。彼此都不知道对方的财产和负债状况，也不知道对方钱花在哪儿了。以大多数家庭并非很充裕的收入，各自为政的结果往往是家庭的正常开支都会受到影响。

不管是谁来主导家庭支出，都应该建立一个共同的家庭账本，并且把家庭账户和个人账户规划好。个人消费可以不过于明细，但是家庭账户必须公开透明，而且大宗消费需要夫妻共同讨论决定。

第二部分是关于原生家庭。

问题五：双方父母支持我们的婚姻吗？

父母在婚姻上的考量通常与我们不同，父母更加重视对方的硬价值，而我们则比较看重相处时的感觉。所以经常会出现，我们好不容易找到了一个心仪的对象，而父母却不同意的情况。

父母不同意你们的婚事，有可能是因为对方的工作和收入缺乏稳定性、对方可能在健康上存在某种隐患、女方直观上给人不够居家贤惠的感觉、男方给人不懂礼貌或者不踏实的感觉，以及基于当地风俗观念的一些标准等。关于双方各自的父母，在择偶上有什么倾向和忌讳，最好提前做好沟通。

问题六：结婚后是单独出去住，还是跟父母住在一起？

有些人会认为，父母辛苦了大半辈子，婚后应该把他们接过来和自己一起生活。这样即使出现问题，也能很好地相互照应。而有些人则觉得，和父母住在一起，会干扰到自己的夫妻生活，挤压大量的个人空间，还会频繁地产生各种矛盾。

实际上，许多婚后的矛盾，就是源自两代人之间的情感隔阂与观念冲突。所以如果在这个问题上，你有自己不可退让的底线，最好与对方提前沟通到位，并一起讨论出解决方案。

问题七：我的家族最让你心烦的事情是什么？

这是一个开放性的问题，因为本来在与对方家族相处的过程中，可能会遇到的问题就是多种多样的。

例如，对方有个斤斤计较、喜欢暗中搞破坏的姐姐；对方亲戚总喜欢对你们的生活品头论足；对方父母要求自己必须生男孩。如果你并不知晓和理解伴侣所介意的事情，他就很可能把你的家族带来的困扰归结到你的头上，从而影响你们之间的感情。

第三部分是关于生育和教育。

问题八：我们要不要孩子？

随着经济的发展，年轻人的婚恋和生育观念都在改变。现在整体的生育率已经开始低于 1.5 了，也有越来越多的年轻人选择不生孩子或是领养孩子。因此，要不要生孩子，绝对不是一个不需要讨论就可以默认的问题。

除此之外，什么时候生孩子、有无性别上的期待，最好也都进行详细的沟通。

问题九：如果生孩子，早期主要由谁负责照顾？

现在的家庭大多都是双职工，而产假都是有时限的，对于婴儿的早期抚养是完全不够的。因此新家庭将会面临孩子上幼儿园之前由谁来照顾的问题。

是一方辞职专心带娃，还是把老人叫过来帮忙带娃？又或者是花钱请月嫂？其中涉及多方面的考量，包括个人工作前景上的，代际育儿观念差异上的，婆媳关系、姑婿关系上的，经济上的，以及孩子心理和人格发展上的问题，都要仔细斟酌。

如果好不容易把老人请过来了，结果对他们带娃的方式很不满意：娃儿没照顾好，老人也没照顾好，还整天爆发家庭矛盾，动不动就吵着不愿带了、要离家出走，就会很麻烦。

问题十：我们对孩子的未来有何期待？有交流过彼此的教育理念吗？

许多人会把自己的期待加之在孩子的身上，希望孩子将来有一天能带着自己实现"阶层跃迁"，所以现在有很多望子成龙的父母选择"鸡娃"。

也有一些人，觉得健康、快乐地长大才是最重要的，他们不会强行干扰孩子的成长方向，也不会逼着孩子去上什么辅导班、兴趣班。

如果夫妻出现这些冲突，应该如何缓和？最后以谁的意见为主？

有些家长认为要对孩子严加管束，做得不对就应该惩罚；有的家长觉得自己小时候吃了许多苦，所以要让自己的孩子过上好日子；而有的家长根本就对孩子不管不顾。你的伴侣将来会成为哪种，你提前了解过吗？

如果双方出现不和谐的教育风格，会对孩子产生什么样的影响？

这些问题都必须提前做好功课，确保自己的孩子在健康、和谐的环境下成长。

第四部分是关于两个人的相处。

问题十一：双方能接受的异性交往空间有多大？

大多数人在结婚之后，生活的重点都会更加集中到家庭和工作当中，花费在社交和个人娱乐上的时间越来越少，但是不同的人在这方面的倾向和容忍度也是不同的。

有的人不允许伴侣与任何工作以外的异性社交；有的人觉得底线在于不能和异性单独外出；有的人认为以上这些都没问题，只要不出现暧昧或者越界的情况就可以了；而有的女性只要发现老公跟异性有亲密言语，就必须得离婚。

婚姻对你而言究竟是牢笼，还是港湾，对方的界线你必须要了解清楚。

问题十二：我们能容忍彼此的生活习惯差异吗？

这里的生活习惯包括日常中存在的一切差异，例如：你爱吃辣，他爱吃甜；你习惯早睡，他是个夜猫子；你爱干净，他从不收拾房间；你热衷于聊天，他习惯安静等。所有的情侣在一起生活时都会遇到这些问题。

你们通常是如何处理意见上的分歧的？可以做到与差异和谐共存吗？还是说忍受不了，甚至要求对方做出改变，来迁就自己？

问题十三：我们真的能倾听对方诉说，并公平对待对方的想法和抱怨吗？

在长期的相处当中，总会出现一不小心忽略对方的感受，或者是在自己和对方的利益冲突之间难以权衡的情况。当其中一方抱怨时，另一方能做到冷静耐心地倾听对方的诉说，并且公平地考虑他的需求吗？还是说另一方会把抱怨当作一种攻击的信号，从而采取自我保护的姿态，让冲突进一步扩大。

以上这些问题，会让你看得头皮都发麻了，但这些问题，确实就是从无数失败的婚姻中总结出来的最可能导致婚姻失败的雷区。

与其在面临这些问题时，双方焦头烂额地互相抱怨和指责，不如在走进婚姻之前，就先对这些问题达成共识和妥协，才能从容应对未来婚姻中诸多未知的矛盾和分歧。

幸福婚姻的
核心认知

————

一段幸福的婚姻并不是由"找对人"决定，在这个价值观多元的时代，更需要双方都建立清晰的婚姻预期，才能保持彼此合作而非彼此抱怨的心态，将一段婚姻关系良性运转下去。

1. 婚姻中的多数痛苦来自于索取心态

对于很多人来说，进入婚姻的时候，不认为自己该付出，而是抱着 100% 的索取心态来的。

比如，原生家庭中有很多的不满足，想要找到"理想父亲"或"理想母亲"来疗愈童年的创伤。

比如，对现实生活充满了不安全感，物质上的定居需求或者精神上的被爱需求没有满足，希望找个人来满足这种安全感。

在这种心理前提下，他们把自己当成了孩子，而把婚姻当作了父母，期待被给予，被拯救，被安抚，却不认为自己在关系经营上也有义务。

这类婚姻的典型矛盾就是互相抱怨互相指责，面对问题的时候不愿意通过沟通获得中间选项，对自己是否"占据高位"带有执念。

2. 婚姻一定伴随着某种失望

世界上有完美的爱吗？理论上有，心理学家斯滕伯格提出了爱情三角理论，指出完美爱情的三要素分别是：激情、亲密、承诺。

激情维度，是对对方外形满意，颜值身高过关，性生活和谐。

亲密维度，是沟通顺畅、少有分歧，双方情商高且志趣相投，时间匹配能给到足够的陪伴，互相能给予精神能量。

承诺维度，是经济上宽裕，家境契合，人生观一致，未来规划无分歧。

但是大多数的亲密关系，是无法三者兼得的。对于很多人来说，匹配到一个只占据两项的婚姻，已经是一件特别幸福的事情。

能够拥有美满婚姻的人，绝不是事事如意件件称心，而是知道自己选择了什么，放弃了什么，且能坦然面对舍弃的人。

3. 维系长久婚姻的不是爱情，是合作

结婚的时候都喜欢说门当户对，这其实就是典型的价值匹配的原则。

婚姻的实际逻辑，无非就是在上述条件框架内相互权衡，各取所需，类似于合伙开公司，有人出资，有人出技能，共同运营人生这个大项目。

那既然是合作，大家都会在意投入产出比。也都会期待"低投入，低风险，高回报"。

很多女性理想的婚姻，是情绪上被老公甜甜地宠溺着，物质上老公积极上进早日实现经济自由，自己像贵妇一样每天养养花，泡泡茶，偶尔出去旅游。

这就是典型的期待低投入、高回报，这是合理的，但不要忘记，对方也会这么想。

所以不管是婚前择偶，还是婚后相处，自身价值是基本盘，与其相信"为爱不顾一切"，不如踏踏实实做个理性人，提升自己在婚恋中的价值。

4. 没有对错，只有妥协

太多崩坏的感情，就是源自于试图改变对方。选择了一个事业型的男人，然后要求他顾家养娃；选择了一个成熟练达的

女人，然后又期待她清纯无知对自己满脸崇拜。选择进入了一段异地恋，然后不断去跟对方强调异地让自己没有安全感。

这种"改变对方"的相处模式，最终的结果往往是让双方都身心俱疲，最后狼狈收场。

性格都有正反两面，阳刚霸气的男人多少有点大男子主义，青春可爱的女孩多少有点矫揉造作，我们都是凡人，不能只享受性格的红利，不接纳它缺陷的一面。

相互妥协，指的就是接纳彼此观念的不统一，接纳彼此的不完美。

婚姻的大忌
——"牺牲感"

————

大部分的婚姻，很难达到"幸福"的程度。真正能让双方都感到幸福的婚姻，一般只有两种模式：

- 两个聪明人在一起，谁都知道自己想要什么，相敬如宾，各取所需。
- 两个人都没那么聪明，也没想那么多，就这么过下去。

但是更多的婚姻是什么样呢？说起来可能有些扎心：一个在感情当中付出很多的人，带着另一个付出没有那么多的人，努力地维系着这段婚姻。

我有很多咨询者都处于这样尴尬的境地：自己在这段婚姻当中一直都付出特别多：家务自己做、孩子自己带、牺牲了很多自己的时间。甚至结婚后，因为买房和育儿的压力，缩减自己的经济开支。自从结婚后，好几年都不舍得花钱给自己买一件漂亮衣服，都是随便买一些过季的便宜衣服凑合着穿。

　　但是她们得到的，并不是另一半的心疼和体谅"老婆你兼顾家庭和事业，辛苦了"，反而是她们吐槽和渴望沟通时，丈夫那句不耐烦的"怎么又来了？你知道我每天压力有多大吗？"

　　为什么会这样？其实很多人都误会了一件很重要的事：能长久维系一段关系的，从来都不是"你对这个人有多好"，而是"你对自己有多好"。

　　什么叫作"对另一半好"？可能很多人都没有意识到，其实男性的想法特别简单：只要两个人相处起来比较开心，让自己感觉愉悦就行。只要做到这些，就已经足够了。

　　我们的确要对另一半好，但有时付出得过度了，或者压根就没付出对，这就形成了你的"牺牲感"——你觉得自己付出了很多，然而对方并不认同。

　　我认识一位姐姐，她的婚姻就十分幸福，但和很多人想象的都不一样——她并没有围着自己的老公转，而是先把精力用在了自身发展上。结婚后，虽然公婆催着要孩子，但她顶着压力表示"结婚两年内不考虑要孩子"，理由是现在自己正处在事业的上升期，需要先照顾好自己，才有可能照顾好一个家庭。

　　很多女孩子结婚之后都会放弃事业，回归家庭，但她恰恰是在婚后，才开始了自己创业之路。现在她每天都会坚持运动，做好保养。之前也会做家务和照顾孩子，经济条件好些后，觉得两个人时间成本都很高，直接雇了住家阿姨帮忙打理，自己将省出的更多时间、精力用在事业上。

她看起来好像并不符合传统观念中一个好妻子的形象，但实际上，这位姐姐的老公非常爱她，很多事情都会优先考虑她的意见和看法，不是居高临下地宠溺，而是更多地尊重和认同。

很奇怪吗？想想并不奇怪。

从吸引力上，她坚持运动和保养，气质和精气神远远比很多同龄人都好，就算年龄大了，吸引力依旧不减当年。

从个人价值上讲，她也是一家公司的老板，不管是业务还是思维上，都能给伴侣不少的启发和思考。

从相处舒适度上，她不会缠着他，因为她有更重要的事情要做，甚至有时他想找她一起旅游，还要看她的档期。丈夫在这段婚姻中也很自由。你会发现，把更多的时间和精力放在自己身上，反而能收获远超你预期的效果。

之前讲恋爱话题的时候，说过两个人之间要靠吸引，而不是靠感动，其实婚姻也是同样的道理。

当你在这段婚姻中优先照顾自己，提升自身价值的时候，你的另一半反而会更加爱你，不仅是因为你更有魅力，而是他也意识到——自己如果不好好珍惜你，你并不害怕离开他。

而当你舍弃掉自身的价值，一直围绕着他转的时候，就会如我们开头所说的，在这段婚姻中，是付出很多的你，带着付出不多的他，和由付出带来的种种委屈，努力维系着这段婚姻。

维持高质量的婚姻的七个核心品质如下。

1. 沟通

沟通包含诉说和聆听，也就是有问题及时表达，当你内心有了抱怨，一定要主动跟对方诉说；在对方关心的事情需要你表达看法和观点的时候，不要敷衍。当对方在表述的时候，认真聆听，不要急于表达对立的态度。

举个简单的例子：你们逛街时，对方迟到了，或者瞟了别的女生一眼，你内心很生气、很窝火，对方也感受到了你的情绪。可是不管对方怎么问你，你都说没事，对方就会放下心来真的当作没事，你却委屈地哭了起来，怪身边的他不懂你。

明明有问题，却不表达，不沟通。一个觉得不被理解，一个觉得对方胡闹，这是恋爱中的恶性循环。

还有很多情侣走另外一个极端：因为惧怕冲突，所以排斥一切会引发争吵的可能。

但其实，两个成长于不同家庭环境的人，或多或少都会有性格和习惯上的冲突。有矛盾摩擦真的没什么，吵架也是沟通的一种方式，一味地避免争吵，看起来两个人很和谐，但其实矛盾都在暗地里"滋生"。

好的争吵，可以高效地引导两个人达成共识。

2. 相互妥协

恋爱中一定会有摩擦，也一定会有过错。如果你的伴侣犯了错，或者你发现了对方身上的一些缺点，要提醒自己勇于接纳，而不是试图改变对方。

作为一个心理咨询师，我见过太多失败的感情，都是源于试图改变对方。

选择了一个事业型的男人，然后要求他顾家；

选择进入了一段异地恋，然后不断去跟对方强调自己没有安全感；

选择了一个阅人无数的伴侣，然后又期待他清纯天真。

这种期待"改变对方"的恋爱模式，最终的结果往往是让双方都身心俱疲，最后狼狈收场。

性格都有正反两面，阳刚霸气的男人多少有点大男子主义，青春可爱的女孩多少有点矫揉造作。你自己也是凡人，不能只享受性格的"红利"，不接纳它缺陷的一面。

相互妥协，指的就是接纳彼此的不完美。

3. 为对方改变

发展心理学理论告诉我们：人生本来就是逐渐发现自己的过程，从"自我"到"本我"再到"超我"。小时候我们都觉得月亮是绕着自己转，世界为自己准备，乃至很多人在恋爱中也觉得恋人应该天然满足自己的诉求。

但恋爱是相互磨合的过程。在这段旅程中我们不可避免地要削掉自己身上的一些"棱角"，为适应两个人的生活，调整一些生活习惯。

举个简单的例子，或许单身的你习惯晚睡，还希望在晚上多打几盘游戏，但是你的伴侣每天都要早起上班，那么你晚睡的习惯恐怕就只能留在周末了。

恋爱中很多女生喜欢发表很多对两人关系的感受，例如想念和抱怨，然而大多数男生是不喜欢这种情绪交流的。据我观察，能绵延长久的亲密关系，往往是在这个过程中男方越来越善于聆听，而女方越来越减少抱怨，都考虑对方感受，做出改变。

说得直白一点，各退一步，改变是相互的，不是单向的。

很多人会觉得上述说法是矛盾的：既然都说了要相互接纳，为什么还要为了对方改变呢？

其实亲密关系本身是一场囚徒困境，近似于零和博弈。如果处在亲密关系的两个人思考的角度都是从"我"出发，而不是"我们"，都做出对"我"最有利的决定而非站在"我们"的角度，这段感情注定失败。就好像囚徒困境中，处在两个单独囚室内的囚徒，都担心自己信任后对方出卖自己，从而作出了伤害双方最大利益的选择。

4. 远离"暧昧"

很多亲密关系的崩塌，都是一方觉得另一方跟其他异性有暧昧关系，信任感崩塌，导致分手。

但有趣的是，不同的人，对"暧昧"的评价标准是不一样的。

有的人认为，晚上 10 点后还在跟其他异性聊天就是暧昧；

有的人认为，跟异性聊天时用"卡哇伊"的表情是暧昧；

有的人认为，在聚会结束后单独送异性回家是暧昧。

可是，同样有很多人认为上述三种行为非常正常。

所以，在恋爱的初期，我们必须建立"暧昧"的共识，这样会减少日后的摩擦频率。

5. 了解思维差异，不要以己度人

换言之，不要用自己的想法去揣测对方。

这一点尤其需要注意，毕竟男女之间有很多的思维差异。

举个例子：面对负面情绪，男人习惯藏身"洞穴"；女人习惯通过表达舒缓压力。

男人遇到苦恼的时候喜欢开启"洞穴机制"，也就是自己一个人安安静静待会儿，消化烦恼。女人为了表达关心，会倾向于主动交流，试图去打开男人心扉。但是这种强势的交流方式反而会触怒男人，引起冲突。

男人觉得，我应该处理好自己的情绪再跟另一半交流，所以下意识排斥沟通，会说出"你让我自己安静一会儿"类似的话。

女人觉得，缓解情绪应该通过交流，我关心你，才试图走近你，你为什么把我推开，你一定是不爱我了。

双方对处理同一个问题的判断不同，从而导致了争吵。男人多了解女人喜欢分享情绪这个特质，聊天的时候多分享一些彼此的经历，能够迅速提升亲密度。女人去理解男人的"洞穴机制"，在男人需要消化情绪的时候给他时间，不要过多

打扰。

6. 排除"前任误区"

除了男女思维差异外，还有一个"前任误区"。

比如在情感咨询中我就遇到过类似的问题，小姑娘一脸委屈地跟我抱怨：前任每个节日都会为自己精心准备，还挑选自己喜欢的礼物；而现任什么都没有，他是不是不喜欢自己。

在我引导下，她也想到了很多现任做到但前任做不到的地方，比如，现任虽然不重视节日的仪式感，但是很知冷知热，能贴心地记住她的生理期，并且在那几天下班后都煲粥给她喝。

很多年轻人在经历第一段感情后，会把一些事情想得理所当然：前任每一次在自己下班都会接自己，这应该是伴侣都应该做到的。现任竟然说让我下班自己打车回家，肯定是不在乎我。

其实现任没有做到前任的某些事情，或者没做到你期待的一些事情，不代表对方不爱你，只是爱意的表达方式不同。

7. 给彼此空间

即便是亲密无间的恋人，也都需要自己的空间。

在一起久了，不管有多么相爱，也都会有想要独处的时候。恋爱是很美，可是它也只是人生中的一部分，我们还有事业、爱好、朋友等很多其他领域的角色需要扮演。

在过去的情感咨询中，我见过太多"焦虑型依恋"的人，就不愿意给对方空间，把恋爱变成了捆绑和压迫。

在一次咨询中，一个女孩子就反复说着这样的话：

"他一开始不是这样的，一定是不爱我了。"

"我不知道为什么，每段感情都这样，只要他不回我信息，我就觉得他跟别的女人在一起。"

和她沟通了十分钟不到，我就体验到了她伴侣那种被她的情绪"淹没"的窒息感。

焦虑本质上是一种恐惧：害怕被抛弃导致的恐惧。

这种恐惧导致了恋爱中的患得患失和掌控欲，从而过度挤占对方的个人空间，让对方压力很大，导致感情疏远，甚至破裂。

人到中年
越来越看不上自己的伴侣怎么办

———

分享一个我印象很深的咨询案例：越来越看不上自己的老公了，该怎么办？

咨询者不是到后来才发现自己看不上老公的，只是以前自己心智也不成熟，又要养小孩、又要上班，没那么多心思深度思考。而现在孩子大了点，自己工作也很稳定，越来越关注自己内心的需求。回顾过往，才发现老公在自己生命中好像从来没有起很大的作用，也没有给自己带来终生难忘的经历。

现在对他有各种不满，比如他不上进，生活和工作中都是得过且过的心态。没责任心、对教育孩子不上心。咨询者感觉越来越痛苦，但是又没到需要离婚的程度，该怎么办？

其实看不看得上伴侣，取决于在一个人眼里，婚姻是"手段"，还是"目的"。

如果把婚姻作为手段，就一定会越来越看不上对方，这是必然的。

从进化心理学的角度来说，男人结婚，大多是为了传宗接代和满足生理欲望。等到妻子年老色衰，生育任务也已经完成，怎么看都不顺眼。

女人结婚，大多是为了被供养，解决大龄婚姻焦虑。等到物质生活稳定，人生风险解除后，肯定会觉得在家里的"供养者"无法满足自己内在的匮乏感。

其实并不应该嘲讽或苛责上述案例中的妻子，很多人在迈入婚姻的时候，并不清楚自己在做什么，并不是先有一个合适的伴侣再有结婚的诉求，而是先被催着结婚，再找一个可以结婚的人。

其中的原因，有年龄的焦虑、有父母的催促、有对"结婚生子"这个重大人生选择的不假思索。恍惚间，已经做了一个影响深远的决定，等心智慢慢成熟，了解自己决定的时候，却已经时过境迁。

《杀鹌鹑的少女》散文集中有这样一段句子——

当你老了，回顾一生，就会发现，什么时候出国读书，什么时候决定做第一份职业、何时选定了对象而恋爱、什么时候结婚，其实都是命运的巨变。只是当时站在三岔路口，眼见风云千樯，你作出选择的那一刻，在日记上，相当沉闷和平凡，当时还以为是生命中普通的一天。

作出了选择，却不知道自己在选择什么，没意识到需要承担的责任，把人生的不如意甩给选项本身，既可悲，又可怜。

很多人可能会批评这位妻子，甚至连带着对女性群体有了偏见。因为妻子无情而又不自知，毕竟丈夫曾经在某一阶段解决过妻子对于人生的焦虑，曾经互相陪伴扶持过一段时光。但这不是性别问题，而是人的问题。

把妻子对老公的评价性转一下，大概是这样的画面：

男人到中年越来越看不上老婆怎么办？她 22 岁嫁给我，结婚 10 年生了两个孩子，可当时结婚是因为父母催促，那时候不懂爱情是什么。现在后知后觉才发现老婆庸俗不堪，从没给我爱情的感觉，比如她浅薄、爱追剧、爱傻笑，无法跟我进行灵魂沟通。

读完是不是也很胸闷？胸闷的症结在于，这些人为了自己自私的念头，对伴侣进行无端贬低还自以为委屈，这种行径是有良知的人所不齿的。

想要逃离生活，可以。但请告诉自己，一切的不满源自于选择时的不自知，现在的退出建立在伤害了另一个人的基础上。不要一边做自私的选择，一边责怪对方。

很多人是接纳自己的选择的，他们把婚姻当作目的本身。

选择一个人，未必是他多么优秀。我们彼此相爱，是因为共同经历、共同分享。

我们可以一起慢慢变胖，而不会嫌弃对方的不自律，也可以下班后一起吐槽，而不会责难对方不上进。

爱情这两个字，之所以有那么大的魔力，恰恰是在爱的人面前，我们可以弱小，但依然值得被爱。

婚姻杀手
——控制欲

有一种亲密关系注定彼此消耗，用一句总结的话就是：

能让你快乐的，都让我不安。

翻看过去的咨询案例，我会发现有很多这样的提问。

老公每天晚上回家都打游戏，缺少夫妻沟通的时间，该怎么让他戒掉游戏？

老婆每天都要喝半杯可乐，我觉得很不健康，该怎么让她不喝可乐？

伴侣每天健身，感觉都成瘾了，该怎么让对方停止健身？

每个"戒断"背后都有充分的理由：游戏占用了夫妻沟通的时间、可乐影响了中年人健康、健身过度会对身体造成损害等。

"我是为了这个家好，是为了你好，所以才管你，怎么别人不管你？"

一切都看起来很合理，不是吗？

只是仔细想想又不对了，如果一件事情真的到了"成瘾"的程度，当事人为了它走火入魔忽略家庭，那么理应制止。但每天半小时的健身、每天 300ml 的可乐，真的会对婚姻造成实质性伤害吗？

生活不是一条既定的轨道，而是一天又一天具体而真实的体验，不论男女，我们都会做一些没有意义，但很有意思的事情。男人会关注球赛的胜负、球员的得分，虽然这些人跟自己毫不相关。女人会看因电视剧中人物波折的命运潸然泪下，虽然她们也知道这些都是剧情安排。

楼下的卤猪蹄、商场里的奶茶铺子，吃多了这些都是不健康的，但它能给你带来快乐。如果你想吃，作为伴侣的我不应该板起脸来说"猪肉脂肪多，你要多吃蔬菜和鱼"、"奶茶价格昂贵且不健康，回家我给你烧壶热水"，而是应该一起享受快乐。

我们并不仅仅是为了生命的长度而活着。只是，在感情中，人们总是会因为"不可控"的感觉而惶恐。

亲密关系的本质属性，是通过"存在感"带给人心理抚慰的。虽然我只是平凡的芸芸众生，在社会中没地位、在工作中不起眼，但是我知道我对你而言是重要的、是特别的、是被无条件爱着的，这份存在感让我觉得踏实且舒适。

可一旦你有了其他能让你获得"意义"的"平替"，就会增加我的分离焦虑。

有时，这种分离焦虑是健康的，它仅仅出现在，当我发现你跟别的异性有暧昧的时候，我内心有愤怒，有惶恐，有"被替代的不安"。

有时，这种分离焦虑是过度的，它让我感到所有事情都成了爱的竞争者，让我分不清伴侣和自身的边界：你工作投入没回我信息，令我不安；你打游戏时念念有词，我听不懂，我不安；你专注健身的时候不顾外部声音，我不安。

昨天接到一个男性的咨询，为了验证身份，他还提出要视频通话确认下，然后我打开视频就看到一张愁眉苦脸的脸，经过沟通，发现他现在的情感状态的确压抑。

下班路上，他偶遇大学同学（同性），双方畅聊了一会儿，回家后他绘声绘色地把这件事描述给妻子，妻子的第一反应是：那你还回家干吗？继续跟他聊啊。

这种基于本能的不安，有人叫它"规训"，有人说它"PUA"。作为一个心理咨询师，我没有办法用这样的词语去定性，因为在很多案例中，那个不安的人在制造痛苦，但是他本人也同样体验着等额的痛苦，这种不安无法自控。

只是这种不安肯定是有损于家庭的，如果不及时调整，双方必定会互相消耗，直至分开。

人类跟动物的重要区别之一，是人类能通过现象，提前体验未来，进而反过来指导自己当下的行为。

这种能力，让我们在计划、组织方面的能力远超其他动物，但同时，也影响了我们感知和享受当下快乐的能力。

比起盯着未来可能发生的糟糕的事情，再殚精竭力地互相折磨，我们更应该学着让自己和伴侣都专心地享受生活中那些未必健康、未必有好处、未必有意义的小事。这些小事，是保持个人心理健康的基础，也是让一个人对生活和婚姻保有热情的保障。

生儿育女，
你真的想好了吗

————

生孩子，对每个人来说，都是一个巨大的挑战。我会结合咨询经验，向你们分享生孩子这件事对夫妻关系可能带来的压力。希望你们是在做好了心理准备和物质准备的基础上，再来完成生育这种高难度的"任务"。

没怀孕生子之前，正常年轻夫妻的生活是怎么样的呢？

每天上班工作，下班找找附近有什么好逛的好吃的。吃饱、喝足、看电影或回家，一块看视频或玩游戏，睡前缠绵，轻松开心。

怀孕后，妻子会由于激素水平波动而变得情绪化，感觉心里一直憋着一股火，会莫名其妙冲丈夫发脾气。丈夫会考虑后续的家庭收支变化、房贷、车贷而一直感受到经济压力，感觉胸口一直压着一块石。两人都得开始节衣缩食，消费降级，也不能随意消费了，得自己研究做饭，确保安全，而且还不敢随意过性生活。总之，生活质量下降，心理压力增大。

生完孩子后，妻子身体会持续处于虚弱状态，还得照顾每两三小时就得吃奶的婴儿，没有一天能睡整觉。而各种尿布、奶粉、玩具、衣服的开销都得丈夫承担，家务活也得承担大部分，从而让妻子休息，恢复伤口，还得帮忙带孩子。生活质量跌入谷底，心理压力飙升。

要是此时有老人来帮忙减轻负担，那小两口偶尔还能松口气，但以前那种自在轻松的二人世界是别想了。而且要是老人来了之后产生更多矛盾，那小两口本就惨淡的生活就更加雪上加霜了。

生孩子给一段婚姻带来的负面影响，包括但不限于以下四方面：

1. 注意力分散

夫妻双方原先的注意力分配可能是：

工作：伴侣：个人爱好：家人朋友 =2：3：3：2

而生了孩子之后，妻子的注意力分配往往会变成：

工作：伴侣：个人爱好：家人朋友：孩子 =0：1：0：1：8

丈夫的注意力分配则往往会变成：

工作：伴侣：个人爱好：家人朋友：孩子 =5：1：1：0：3

什么游泳、健身、看书、旅游这些兴趣爱好，在生完孩子后基本就都消失了。受限于精力，妻子最多就刷刷小视频；丈夫最多就玩玩游戏，双方的生活愉悦程度都下降了。

而放到伴侣身上的注意力，则是肉眼可见的少，甚至有时连一成注意力都不够：妻子就一心研究孩子；丈夫就一心研究工作。两个人更像是分工明确的合伙人，缺乏沟通情感的精力、动力和时间。

2. 经济压力增大

"四脚吞金兽"的威名可不是空穴来风，婴儿短期的尿布、奶粉、衣服、婴儿日用品开支，长期的医疗、交通、教育、住房开支，这些都会给小家庭增加了很大的经济负担。

同时，对大部分人来说，孩子还会影响母亲的工作。为了照顾孩子，母亲要么暂时放弃工作；要么只能兼职工作，家庭总收入也会减少。

沉重的经济压力，自然让夫妻双方从原先的追求生活品质，变成只追求能活着就行了。至于"真爱"、"灵魂伴侣"什么的，对于直面现实经济重担的小两口来说，则几乎没有价值。所以双方会更倾向于探讨现实问题，而非情感和需求的问题。

3. 性生活缺席

妻子孕期和产后是丈夫出轨多发的时间段，主要原因就在于，这段时间里性生活的缺失。

性不仅是一种生理需求，同时也是一种缓和夫妻矛盾和释放精神压力的渠道。

怀孕和生产的整个过程中，夫妻双方的心理压力和现实压力都很大，而性生活的频率却降至最低，此消彼长，就导致夫妻间的矛盾频发，且缺乏缓和的动力和契机。

感情矛盾增加，进一步削弱了双方合作恢复正常性生活的动力，甚至很多夫妻在生完孩子后就从此进入了无性婚姻，关系逐渐疏远。

4. 婆媳矛盾

对于没条件雇保姆的大部分人来说，生了孩子，就意味着必须至少让夫妻一方的老人来协助照顾孩子，而这个来协助照顾孩子的，往往就是婆婆。

结果就是，身体和心理状态都极差的产妇，需要跟一个三观、认知、习惯都和自己有巨大差异的人，但却得表现得很亲密的婆婆一起合作带孩子。要是这婆婆再有点其他问题，比如通过溺爱或纵容丈夫，争夺丈夫对她的关注和支持，或通过获得孩子的依赖，占据家庭话语权，或者是文化素养低，经常用些错误的育儿方法和奇怪的三无药物给孩子用，那婆媳矛盾就是家常便饭了。夫妻双方本就不好的生活体验会变得更加糟糕。

总结一下生孩子对生活的负面影响。

注意力分散，导致夫妻双方投入到彼此身上的时间和精力减少，双方体验到的爱都少了。

经济压力增大，导致双方精力都更多地放到孩子和日常收支上，双方都感受到生活质量和自身状态越来越差。

性生活缺席，导致双方的关系逐渐疏远，矛盾难妥协，甚至可能出现第三者。

再加上婆媳矛盾，家和婚姻自然就成为了夫妻双方都想逃离的烦恼来源了。

当然，我不是鼓吹不婚不育，只是比起盲目推进人生进度，我更希望你是在了解了生育的风险和压力后才做出的决定。这样既是对自己和伴侣的人生负责，也是对孩子负责。

孩子会带来很多现实问题，但解决问题的过程，也是夫妻双方感受对方爱意和责任心的过程。同时，不断成长的孩子对于感情日趋稳定甚至可以说是平淡的夫妻而言，是"我们的关系仍在前进"这种感受的重要来源。此外，孩子带来的诸多问题，使夫妻双方都把更多精力和资源都投入了家庭中，婚姻也可能因此更加和谐稳定。

生孩子会面临很多挑战，但同时，生孩子也为双方的人生提供了奋斗目标，增加了意义和更深的情感链接。

面对挑战，有的夫妻能够把再大的生活挑战都变成培养默契与信任、让感情加速升温的催化剂；也有的夫妻会把再小的生活挑战都变成指责、攻击对方的战场，马桶盖平时应不应该盖着等琐碎小事都能成为离婚的导火索。

婚姻幸福长久与否，面对的挑战大小多少固然有很大的影响，但能起决定性作用的，还是看双方面对挑战时，能否调整好心态、尽量理解对方、保持沟通、承担责任。

第三章

原生家庭篇

所有谈不好恋爱的人，
都有一个不成熟的"内在小孩"

———

有这样一类人，是很容易在感情当中频繁遭遇冲突的。他们总是特别情绪化，难以处理好自己和伴侣的关系，会因为一点小事就做出十分过激的反应，导致两个人之间的关系总是很紧张。

这类群体有一个共性：在他们的心中，都存在一个不成熟的、还没有完全独立的"内在小孩"。

心理学上有种观点认为，在成长过程中，一旦某一阶段受到过某些刺激，那么我们一部分的心智就会停留在那个状态当中。未来一旦类似的事情和场景出现，就很容易让我们出现应激的状态，因为那一部分心智一直没有成长。

比如我有一个咨询对象，在她小时候，父母忙于做生意无法照顾她，她只能和姥姥、姥爷一起生活。而姥爷的脾气不好，对她十分严格，经常会采用命令、打骂的方式管教她，就算随着成长，她有了自我的意识，也没有得到尊重。

虽然在她高中时，父母为了照顾她的学习，选择花更长时间来陪伴她，也开始关注她的诉求，但是小时候的经历已经给她造成了深远的影响，她的内在"小孩"并没有随着生理年龄的增长而学会表达和沟通。

等她恋爱时，一旦和伴侣的想法出现差异，她就会用歇斯底里的方式去和伴侣争吵，甚至打砸家里的东西来发泄自己的不满。哪怕这种差异仅仅小到"出去旅游是坐飞机，还是坐高铁"等琐碎小事。

因为她心中的内在小孩已认定，我的意见是不会被尊重的，别人只会强行安排我。如果想要让我的意见被听到，那么我就必须诉诸情绪化，甚至是用暴力来表达我的不满。

所以，很多在感情当中表现得特别情绪化的人，可能就是因为他们某一部分的心智还没有成长。哪怕当他们成年后，在面对一些场景时，内在的那个"小孩"仍旧会突然跳出来，情绪化地操纵他们的行为。

这也是为什么我遇到的很多咨询者，事后回忆起双方的冲突，都觉得自己当时的一些行为很幼稚，不理性，但是当时他们就是控制不住自己的情绪。

因为那个时候，操纵你行为的早就不是一个理性的"大人"了。而是多年前没有被满足的那个"小孩"，在试图用歇斯底里的方式，找回自己的"存在感"。

那么遇到这种情况该怎么办呢？我在咨询中经常说一句话：意识到问题这件事，本身就是解决问题的第一步。

当你意识到在某些场景下你很容易情绪失控、很容易暴怒时，先不要忙着羞愧，或者逃避问题，先要问问自己：为什么我会有这么大的情绪？这勾起了我哪段不愿意回顾的记忆？为什么我一瞬间这么难控制自己的情绪？

当你意识到这可能是因为你的某段经历，或者内心一直缺失的某个部分导致的问题时，再问问自己：如果我试图换个方式，会不会有更好的结果？

还是拿我的那位咨询者来说，当她能够意识到自己是因为从小的意见不能被尊重、自己的诉求不能被满足，所以成年后面对冲突才会那么歇斯底里之后，虽然她还是会愤怒，但是她会有意识地控制住自己的情绪。

而当她平复情绪和伴侣沟通几次之后，她会明显感觉到，就算我不大吵大闹，就算我不用极端的方式表达我的不满，别人也会考虑我的意见。

长此以往，再遇到类似的问题，她就越来越平静，直到最后，她彻底走出了这种状态。

她靠着自己的觉察和行动，逐渐把内心的那个"小孩"抚养长大了，成为了一个理性的、冷静的成年人。

我们每个人的内心，可能都存在着一个内在"小孩"，在面对某种情况时，会不自觉地跳出来操纵我们的情绪。

而想要让这个内在"小孩"长大，察觉到他的存在，是我们解决问题的第一步。

你心中也有一个长不大的内在"小孩"吗？

为什么越来越多人
开始抱怨原生家庭

———

或许并不是年轻人越来越怨恨原生家庭，而是怨恨更允许被表达了。

过去的信息相对闭塞，信息传递模式是精英式自上而下的，而"精英"往往是年长者，是家庭权力关系的受益者，他们并不觉得自己的教育方式有什么问题。

在我读中学的时候，很多学校都流行所谓的"感恩教育"，学校请来的专家教授一通煽情后往往以类似这样的话语结束：

"现在，看看你们两鬓斑白的父母，给父母三叩首，感谢他们的栽培与养育之恩吧。"

话音刚落，学生分别对着父母"下跪磕头"，双方抱头痛哭，感恩教育大会的气氛达到高潮。

在这种氛围下，被原生家庭伤害的孩子，是不被允许发声的，否则就会被扣上"不孝"的帽子，遭到批判。

直到现在，看到那种抛妻弃子的父亲，晚年不堪找亲生儿子收留被拒的新闻，依然会有人发出"不管怎么说，他是你的父亲呀"这样的声音。

随着互联网越来越普及，以年轻人居多的互联网用户聚集发声，大家才发现"原来你也有类似的经历"。

原来你的家庭也重男轻女，且不自知。

原来你的父母也一直打压否认你，不断把你与他人比较。

这种声音的聚集，最早出现在豆瓣平台"父母皆祸害"小组。小组成员有 10 万多，每天都会看到很多匪夷所思的案例，被常年殴打的、被亲人猥亵的、被长期语言辱骂的、17 岁的孩子有"网瘾"被送给杨教授的、27 岁的博士不结婚被送去"医疗所"的……小组里多是"80 后"子女吐槽 50 后父母，后来是 90 后吐槽"60 后"父母，究其本质，是时代变了。

1. 时代烙印

不管是"50 后"还是"60 后"的父母，都有着鲜明的时代印记，他们从小到大接受的教育，被要求"牺牲小我成全大我"；被要求服从，所以他们也会让孩子服从家庭这个"集体"，也就是服从家长意志。

他们从小到大经历了太多的社会变化，在他们看来，稳定是第一要素，所以大多数家长都会青睐公务员和稳定的工作。

当家长不断规定孩子的未来路径时，子女就会反叛，因为两代人生活的时代，已经不可同日而语。这种对于"原生家庭"的声讨，本质是年轻一代争取话语权的方式。

2. 家庭权力结构

社会一向是外儒内法，表面推崇儒家思想，实际进行法家治国。这两家有一个共同的前提：秩序。体现在关系上，是长幼尊卑，这是制度稳定的前提。

比如儒家的君贤臣忠，父慈子孝，讲的就是关系中各自的义务。虽然有义务在，但本质上这是不对等的权利关系，权利在上的一方是权益大于义务的：君跟臣不会对等；父跟子也不会对等。

过去这种权力结构依然能给个体带来收益，但随着市场经济逐步发展，维护权力关系带来的收益和体验都会越来越低。

父母会下意识地维持家庭权力结构，孩子则会试图逃离，这中间会有种种矛盾。

举个例子，很多家庭过年回家都会想让孩子走亲戚，而孩子会觉得这既痛苦又无用，尤其在有毒的家庭权力关系中。孩子痛苦不堪，但是父母反而会觉得这没什么，甚至很享受，本质在于他们是权力关系的受益者。

原生家庭给感情观
带来何种影响

———

某次主题直播的时候，我发起了一个投票，仍然有三分之一的人坚定不移地认为不可能有父母不爱孩子，只是方式有所不同。

但实际上在很多家庭里，父母的一些行为，给孩子造成了终身的精神伤害，但这种伤害却以"为你好"的方式被隐藏。

这些原生家庭伤害带来的影响，会延伸到孩子的成年时期，继而引发各种各样的心理问题。

所以才有那句著名的话：幸运的人一生被童年治愈，不幸的人一生治愈童年。

1. 原生家庭让孩子变成"自己最讨厌的人"

咨询者小杰，因多次家暴女友被分手，找到我时说希望能够修正这个行为，跟女友复合。

小杰在学校中跟同学师长都相处和睦，是一个温润如玉的人。大三那年跟女友在校外同居，不久后便发生了数次家暴事件，消息传出时，身边的人都不太相信。

我问他，为什么要通过暴力方式解决问题？他沉默了好久才说出几个字："我也不想，但我控制不住。"

回溯小杰的原生家庭，就了解了个中原委：在他小时候，父亲就一直家暴母亲，他从小就特别厌恶父亲，可怜母亲。但是，当他的恋爱中遇到解决不了的冲突时，他下意识就复制了父亲的行为：通过暴力来解决冲突。

咨询者 sara，因为控制欲过强，被前任"拉黑"。第一次咨询，她给我看了她跟前任分手之前的聊天记录，让我很不理解。前任去跟朋友聚餐，她一小时打去 40 个电话，我问：为什么这么频繁？她的回答是："怕他喝死在外面。"

回溯 sara 的原生家庭，她的行为跟母亲十分一致，母亲是一名优秀的教育工作者，从小对 sara 的言行就极为严苛。长大后，sara 也把这种苛刻跟爱画上了等号，我爱你等于我要对你的每一次行为负责，这种"爱"让人喘不过气。

武志红老师在《为何家会伤人》这本书里解析了原生家庭对亲密关系的强大影响，其中有这样一句话：

恋爱不只是两个人现在的舞蹈，也是两个家庭过去的舞蹈，因为我们的舞步是在童年学会的。如果童年幸福，那我们就非常有可能在长大后复制幸福；如果童年痛苦，我们则更可能复制这种痛苦。

2. 原生家庭中爱的缺失会引发不安全的依恋人格

在之前的章节中，我们分析过焦虑型依恋和回避型依恋在感情中的危害。

在多数的情感纠葛中，都出现了至少一方属于不安全的依恋风格。而不安全的依恋模式，多半也是原生家庭带来的。原因很简单，对于一个孩子来讲，亲密关系的第一课来自于父母。

童年时期缺少来自父母的关爱，比如留守儿童，或者父母离异后又重组家庭，就很容易形成焦虑型依恋，认为自己不值得被爱。投射在亲密关系中，就是总担心对方离开自己，容易患得患失、缺少安全感。

童年时期在父母冲突的环境长大，或者家庭关系复杂、父母相互敌视，很容易形成回避型依恋。对于爱情没有信心，不相信世界上存在无目的性的爱，从而对亲密关系讳莫如深，不愿意轻易袒露内心，也排斥进入亲密关系。

恋爱是容易让人"退化"的，成年人在进入亲密关系后，会不自觉地和恋人一起"回到"童年时期，成为彼此的"父母"、彼此的"孩子"。

于是，我们会不自知地重现童年时和父母的相处模式：童年被忽视的女孩会在恋爱中故意胡搅蛮缠，潜意识希望另一半能够把注意力放在她身上；童年被打压的男孩会在恋爱中遇到矛盾就沉默，潜意识中觉得自己发出的声音不会被听到，表达只会换来更多批评。

我们对于完美恋人的诉求，本身也是对理想父母的诉求。

糟糕的初恋，
是如何摧毁一生情感道路的

————

有一种感情明明很重要，会深刻地对我们的感情，甚至之后的亲密关系产生巨大的影响，却很少被人提及。

这种感情就是初恋。

初恋时的情绪体验可能是复杂的，对有的人来说，初恋是十分美好的，十分青涩的。对有的人来说，初恋又是充满遗憾的。更悲剧一些，对有的人来说，初恋给自己造成了十分糟糕的体验，以至于之后的感情，很难摆脱初恋带来的心理阴影。

初恋的模式，对于很多人来说有重大意义，你将第一次试着去学习理解：你是否值得被爱，你该用什么方式去获得爱。

而且这种体会的影响很深，因为这是来自和你没有任何血缘关系的、一个异性的爱。所以如果这个时候初恋带给你的体验是十分糟糕的，那么在之后的感情当中，这种糟糕的情感体验都会给你带来持续的影响。

如果你在一开始的情感体验中，就明确地知道你很好、你值得被爱，那么后续就算遇到了不理想的对象，在短暂的伤痛之后，你也会清楚地知道这就是遇人不淑的问题。

遇到一个糟糕的初恋会导致什么问题呢？我有一个朋友在上大学时有一个十分糟糕的初恋，她是来自于一个小城市的乖乖女，而被当时一个家里条件很不错、也在社团里面表现十分积极的同学给吸引了。她一开始也很激动，觉得能找到这么优秀的男朋友真的是很幸运的一件事，所以早上 8 点上课的日子，她 6 点半就能起床，先是自己化妆打扮，然后去食堂给男生买好早点，再跑去教室占座位。

但是最后，她却发现自己的男朋友频繁地出轨，还同时和几个女生保持着暧昧关系。当她很受伤地去找男朋友质问时，那个男生则直接反咬她一口，对她说："你的条件那么差，我家里条件那么好，能和我在一起，你就知足吧。我又没和你提分手，你好好和我在一起，不然离开了我，你奋斗一辈子都可能在一线城市买不起房子，落不了户。"

虽然我们现在听知道这些话是 PUA，但对于当时我的朋友来说，这个打击是相当大的。虽然最后他们分手了，而且我的朋友后面也很优秀，靠着自己的努力成功在一线城市扎了根。

并且赶上了互联网高速发展的红利，现在也成为了一家互联网公司事业部的中层。但是因为初恋给她的影响，她形成了几个类似于"思想钢印"的想法。

"我的家庭条件不好，是一个很大的劣势""条件比我好的男生不会喜欢我，就算和我在一起，他们也会出轨""我必须要时刻保持特别高价值的状态，不然我不配被爱"。

虽然后续她也谈了两个男朋友，但是关系都持久不了，因为这种"思想钢印"对他们感情的破坏很严重。有一次她男朋友只不过听到她家里的爸妈是工人，说了一句"那是真的挺辛苦的，而且福利待遇也没保障"，她就直接发怒了："你是不是瞧不起我家里？你是不是觉得我和你不是门当户对？"

其实那个男生根本没有那个意思，但是因为她的家庭背景曾经被之前的男朋友歧视过，这种场景一下子就触发了她的"雷区"。

而且往往越是初恋的时候，不管是我们还是对方，在处理感情问题上都是不够成熟的，也是最容易出问题的。

像有的人刚开始恋爱的时候不懂得遇到事情要沟通，所以一旦出现问题之后，会直接选择逃避、冷战和分手，那么这种人的另一半可能在之后的感情中就会很没有安全感、患得患失、担心自己将来找的对象可能也会在哪天突然对自己不告而别。

再或者，有的人在恋爱的时候不懂得控制自己的情绪，对另一半过于情绪化，也会导致他的另一半在分手之后，对谈恋爱产生心理阴影，因为第一次的恋爱经历告诉自己：恋爱就意味着处理对方很多糟糕的情绪，当一个情绪垃圾桶……

是的，或许几年之后的你，会意识到曾经的伴侣很幼稚，会觉得当时的自己很傻，甚至越想越气，觉得当时自己怎么能就这么被 PUA 了。但是不可否认，第一次恋爱给自己造成的阴影，以及那个给你留下阴影的人，会在相当长的时间中，以一种你察觉不到的方式，在对你潜移默化地施加影响。而这些负面的影响，也会影响你的下一段关系，给你造成一个持续的恶性循环。

有人问学生时代不谈恋爱，是不是一种遗憾。一度我也会觉得，不能在学生时代留下一段让人刻骨铭心的感情，确实总感觉少了什么。

但是随着咨询案例的增多，我越来越觉得：初恋真不一定是美好的代名词，反而可能是很多问题的根源和起点。

很多人总是会说自己的原生家庭给自己造成了创伤，不幸的人需要用一生来治愈童年；仔细考虑下，那些在初恋当中受过伤的人，又何尝不是用一生得到的爱意，来治愈那个在第一次恋爱当中受到伤害的自己呢？

如何克服自卑，
和原生家庭和解

————

心理学家阿德勒曾说："一切烦恼都来自人际关系，一切幸福也都归结为人际关系。"而决定人际关系给人带来不同感受的关键点，则是人与生俱来的"自卑情结"。

你可以试着从下面的选项中选择最符合你心态的一项。

A. 自己的利益是最重要的，每个人都为了追求自己的利益最大化而活着，聪明的人才不会吃亏。

B. 想要顺顺利利，就要多借助他人的力量，只凭自己做不到最好，遇到重大难题需要外部的支持。

C. 困难的事情可以不做，难受的事情可以不管，有些事情可以不必去解决，不用事事做得最好。

D. 天下兴亡匹夫有责，任何事情总有我能出一份力的地方，为别人创造价值的人生才最有意义。

如果你的答案是前三者中任意一个，说明你距离阿德勒生活哲学的终点还有一段距离，前三个选项分别对应的是阿德勒认为的三种不健康的生活风格：A 统治—支配型，B 索取—依赖型，C 回避型。而只有第四种 D 社会利益型，才是真正具有正确的社会兴趣和健康的生活风格。

那么作为终点的"社会兴趣"究竟是指什么呢？

一言以蔽之，就是爱、合作、奉献。表现出爱、合作与奉献，才能算是实现了社会兴趣。

人需要直面人生的三大课题，分别是：交友、工作、恋爱。

也就是说，你需要：

拥有一些志同道合的朋友，你能为他们提供乐趣或资源。

拥有一份能实现价值感的工作，你关心它为社会带来的效益。

拥有一个合适的伴侣，你们的爱让双方感到舒适，你关心她的感受，而不必患得患失。

你实现了几项呢？

困于自卑情结的人，往往伴有不健康的生活习惯，随之而来的则是在人生的三大课题上均无法进入正轨，其中"回避型生活风格"的极端者便是"死宅"和"啃老族"。

这些人回避跟人打交道，天天和一些网友聚在一起打游戏、针砭时弊，现实中则没几个好友，因为他们不能为别人提供任何价值。在恋爱问题上，喜欢以单身贵族自居，把二次元人物当作自己的老婆，以此来逃避自己缺乏吸引力的问题。而在工作上，他们鄙视认真工作的人，以"社畜"称之，自己则懒散度日、不思进取，要不是为了生计，只愿在家颓废到天荒地老。

而克服自卑的方法，则需要完成下面的转变。

1. 原因论→目的论

信奉原因论的人，认为自己之所以是不幸的，是因为自己有着不幸的经历。这种信念会让人陷入决定论，认为只要"我被人抛弃了"这一经历存在，我就"不会再相信爱情"。

而目的论则认为，我"不相信爱情"，只是用来逃避自己"缺乏吸引力"这一事实的借口。要正视这一事实，并且去直面在新的感情中被人拒绝的风险，以及在提升个人吸引力的过程中因跳出舒适圈而感到的不安和恐惧，才能摆脱不幸。

2. 横向比较→纵向比较

有自卑情结的人，往往习惯横向比较，喜欢拿优秀的人和自己比、拿别人的长处和自己的短处比，这样做只会挫伤自己的锐气，让自己觉得处处不如人。

健康的比较是纵向比较，永远只关心现在的自己和理想的自己有哪些差距、关注自己的进步、关注如何能提升自己的能力，而不去羡慕别人拥有的东西。

3. 认可欲求→存在的价值感

自卑的人不能通过自己获得价值感，需要在别人的表扬和认可中才能体会到自己的意义，他们会无条件地迎合别人，没有自己的底线，把自己培养成随波逐流、缺乏自我的人，时时患得患失。

价值感是自己给自己的，进步时有价值感，取得成就时有价值感，帮助到别人时也有价值感。有稳定自尊的人，甚至不必依赖于自己的表现，仅仅因为自己存在着，就可以感觉到人生有价值、自身有价值。

4. 课题纠缠→课题分离

课题纠缠的人会因为他人的干涉而感到烦恼：他们受缚于原生家庭的意见、爱人的情感勒索和领导的评价，拒绝别人的请求，会让他感到内疚。解决不了恋人的苦恼，会让他觉得自己不够担当。

分清边界、实现课题分离的人，明白事情当中每个人应当负有的责任，不去过度干涉别人的自由，也不要让别人来决定自己的人生。

5. 有条件信任→无条件信任

有条件的信任，是在有足够的证据支持时，才相信对方是好人，是先行假设所有人都是不值得信任的。有这种想法的人，会认为世上可靠的人寥寥无几，这会使他的路越走越窄，甚至辜负真正可靠的人。

无条件的信任，其实是一种充分的自信，他们认为世界上的大多数人都是值得合作的，因此他们乐意为他人贡献，而不必担心遇到背叛者。只有怀有这种信念的人，才能无所顾虑地和社会中的人保持联系。

掌握生活哲学是一条漫长的道路，不必太过执着于终点，专注于当下的每时每刻都是一个终点。也不必关注别人是否比自己更洒脱，自己的进步，才是真正的价值。

如何面对
有原生家庭创伤的伴侣

————

接纳、影响，但不强行改变，是面对有原生家庭创伤伴侣的最佳方式。

试图改变伴侣是一件让彼此都痛苦的事情，往往会引发矛盾，甚至造成感情的破裂。

首先是认知不同，你觉得不对的地方，他未必觉得痛苦。比如，他不求上进，你觉得这种生活模式不好，会带来很大风险，但其实他可能并不这么认为，只觉得应该及时行乐人生才有意义。

心理咨询有一个基础的前提叫"医不叩门"，当事人觉得痛苦，才有动力去改变。可恋爱中的人总是烦恼一件对方不烦恼的事情，所以才会彼此消耗。

其次是能力问题。恋爱中的人会有怨气，觉得明明是你的错，就应该你改。典型的案例是回避型依恋，回避的一方不具备面对冲突的能力，总是用回避的态度处理矛盾。

但矛盾的地方在于，错误的一方往往不具备改变的能力，他们的认知和恐惧都是在成长过程中一点点滋养生成的。回避成为了他对抗恐惧的安全港，如果你指出他的问题，反而会导致他感觉到自己的错误，从而跟你形成对抗。

如果要疗愈一个人的伤痛，就需要扮演他原生家庭父母的角色。心理咨询师要完成这项工作，尚且需要当事人的配合，需要耐心和时间让来访者感觉到自己已被完整接纳。

伴侣天然无法完成这个角色，是因为恋爱本身带有目的性。我们希望在一段关系中找到自我价值感，这跟心理咨询不带目的和偏见地"看见"真实的咨询者的宗旨是背道而驰的。

大部分人面对伴侣性格缺陷时，会进入一种对抗状态：你不让我开心，我也不让你开心。

本质上这是在亲密关系中寻求补偿，也就是我们自己有很多未被满足的渴望和需求，我希望被伴侣满足。

我们很容易认为，那些痛苦是伴侣带给我们的，只要对方做出改变，痛苦就可以消失，所以我们会试着"疗愈"伴侣。

但精神分析中有一种说法，在每段亲密关系中我们都会不自觉地重复童年跟养育者的关系。

当我们觉得伴侣有问题，需要我们去疗愈时，会不自觉地把自己放在高位，把对方放在低位，认为我是拯救你的人，你应该听我的，这才能给你带来好的改变。

其实，我们无法疗愈伴侣，只能疗愈自己。

或者说，只有在伴侣自己有觉察、有期待做出改变时，我们才能伸出援手。

而他并不认为自己的生活模式有问题时，你要求他做出改变，会被他认为是一种强迫。

我们唯一能做的，是觉察自己的关系模式，看看自己获得了什么，看看这段关系滋养的部分是否支持我们留在这段关系中。

相爱本质上不是彼此补偿，而是共同成长。我们需要各自担负自己的成长课题，各自疗愈自己的童年创伤。